聖霊による福音宣教

「使徒の働き」連続説教

松木 充［著］

YOBEL,Inc.

まえがき

いつの時代にも、**聖霊の働き**が必要なのは言うまでもない。ただ、説教でも述べているように、今ほど聖霊の働きが必要な時代はない。特に日本においては——。教義や体験から聖霊の働きを説く人は多いが、徹底した聖書釈義から聖霊の働きを求める人は少ない。真剣に聖霊の働きを求めるなら、教義以上に聖書に聞く必要があるのではないか。ところが、聖書学の研究者には聖霊に否定的な方も少なくない。また、研究が実践に反映されていないことも多い。**使徒の働き**（口語訳聖書では「使徒行伝」、新共同訳、聖書協会共同訳では「使徒言行録」と表記されます。以下本書では**使徒の働き**と**ゴチック体**か「使徒の働き」と表記したりします。）の研究は、聖霊が働く宣教をめざすには欠かせない。聖霊による宣教と、そこから起こされるリバイバルを求めて、この説教シリーズを始めた次第である。

この説教シリーズを始めたのは２００９年であるが、問題意識を持って聖霊の働きを学び直したのは、テキサス在住の時だった。

私は聖化・聖霊を強調する教派に生まれ育ち、１９７０年代のカリスマ運動に接し、それから献身して所属教派の神学校で学んだ。その間福音派とカリスマ派の軋轢も見聞きした。聖霊の問題、とりわけ「**聖霊のバプテスマ**」は私にとって大きな課題であった。

明確な結論を得たのは、米国滞在中、G・R・ビーズリー・マーレイの著書に出会った時であった（G. R. Beasley-Murray, *Baptism in the New Testament.* 参考文献参照）。要するに、新約聖書においては、聖霊は復活昇天のキリストの霊であり、キリストとひとつになるバプテスマは聖霊のバプテスマにほかならないということである（同書、276頁）。それを自分なりに消化し、新約聖書を概観して確認し、小論文にまとめた。

私の見出した答えは、私の出身教派の教義とも、最も頼れる協力者が多くいたカリスマ派の教義とも、当時奉職していた南部バプテストの教義とも幾分か異なるものだった。当然賛否はあった。諸教派の教義には歴史がある。その教義を奉じて献げられた多くの労苦には、十分な敬意を払わなければならない。しかし私の一貫した確信は、いかなる教義も神学も聖書釈義・解釈から導き出されるもので、聖書以上の権威はないということである。聖書が証言するキリストこそが私たちが信じるキリストであり、聖書が証言する聖霊こそが私たちが満たされるキリストの御霊ではないか。

聖霊の働きが不要な時などない。だからこそ、今、聖書が語る聖霊の働きとリバイバルを渇望するのである。それは神の力による劇的な奇蹟をもって進められることでもあれば、人の祈り、労苦、地味で忠実な歩みによって進められることでもある。そしてそれらは、聖書に従ってなされなければならない。この説教集は、ごく一部の書き下ろしを除いて、そのような思いを込めて語った説教の要約である。週報掲載のために削りに削った文章なので不備もあろうが、聖霊による宣教をめざす方々の一助となることを願っている。

なお、使用した聖書は、多くの場合新改訳第三版であるが、説教の時期によって新改訳２０１７の場合がある。教会の公用聖書を２０１９年に新改訳第三版から新改訳２０１７に改めたためである。その時用いた聖書の訳語にコメントした部分もあるので、引用聖句は敢えて説教当時のままとした。ご不便は平にご容赦くださるようお願いする次第である。

２０２４年４月21日

松木　充

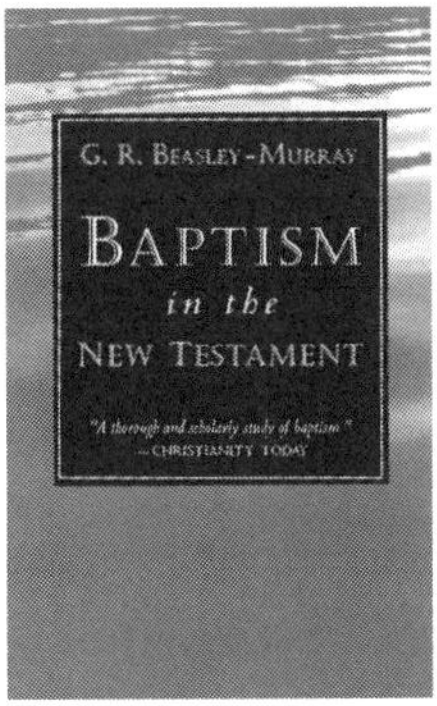

聖霊による福音宣教——「使徒の働き」連続説教

目次

聖霊による福音宣教——「使徒の働き」連続説教

約束の聖霊〔その働きと完成の希望〕

使徒一1～11

「エルサレムを離れないで、わたしから聞いていた父の約束を待ちなさい。ヨハネは水でバプテスマを授けたが、もう間もなく、あなたがたは聖霊のバプテスマを受けるからです。」（一4b～5 新改訳三版）

「しかし、聖霊があなたがたの上に臨まれるとき、あなたがたは力を受けます。そして、エルサレム、ユダヤとサマリヤの全土、および地の果てにまで、わたしの証人となります。」（一8 新改訳三版）

今日《こんにち》ほど日本のキリスト教界が聖霊の働きを必要としている時はあるまい。**使徒の働き**（新約聖書の歴史書でもある「使徒の働き」を表す書名なので**ゴチック体**にします。以下同様）から連続してメッセージを受けたい所以である。

使徒の働きは、「前の書」（ルカ福音書）の続編である（一1～2、ルカ一1～4）。**ルカの福音書**は、「イエスが行い始め、教え始められた」こと（1節）、つまり始まりの書で、イエスの本格的な働きは、ここから述べる昇天後の聖霊による働きである。救いの基礎は、十字架と復活で据えられた。世界を救う主の働きは、復活昇天のキリストの霊、聖霊によって、ここから本番を迎えるのである。

使徒の働き一章は、聖霊を受ける準備が描かれる。1～11節では、主が聖霊の約束を与えて天に昇られる。主の約束は、聖霊のバプテスマ（4～5節）、キリストの証人とすること（8節）、そして再臨（11節）である。それぞれ、聖霊の働きの開始、展開、完成と言えよう。

私たちは、信じた時に、キリストの霊である聖霊を受けているはずであるが、自覚的に聖霊を受けとめているだろうか。「信じたとき、聖霊を受けましたか」（一九2）と、私たち皆が問われなければならない。また、受けたなら続けて満たされているだろうか。

私たちは、聖霊を受けるべきである。それは、①そこから聖霊の働きが開始されるから、②開始された聖霊の働きは展開されるから、③ついには聖霊の働きが完成されるからである。

一、聖霊の働きの開始（4～5節）

主イエスの約束は、「もう間もなく、あなたがたは聖霊のバプテスマを受けるからです」というもの。この約束は、二章の聖霊降臨で実現する。教会が宣教を開始したという意味では、ペンテコステの聖霊降臨は一回限りの出来事である。

しかしペテロは、個人においても、この5節の主の約束の実現を見る（一15〜17）。ペテロはそれを「主イエス・キリストを信じたとき」（一17）起こることとしている。水のバプテスマが信仰生活の始まりであるように、聖霊のバプテスマは最初に聖霊に満たされる経験であろう。

私たちは自覚的に聖霊に満たされた経験を持っているだろうか。また、聖霊のバプテスマという始まりがあれば、継続した満たしもある。続けて満たされているだろうか。

さらには、聖霊に満たされた者は、他の人に聖霊の働きをもたらす器にもなる（8節）。聖霊のバプテスマを受けた者だけが、他の人に聖霊の働きをもたらすことができる。

二、聖霊の働きの展開（8節）

聖霊の力を受けた弟子たちは、「エルサレム、ユダヤとサマリヤの全土、および地の果てにまで」主の証人となる。始められた聖霊の働きは、地の果てまで発展していく。

「地の果て」は、一般にはローマと解釈されている。**使徒の働き**は、パウロがローマで伝道し続けている場面で終わる。パウロは、以前からイスパニヤ伝道のビジョンを持っていた（ローマ一五章）。従って、ローマは終着点ではない。また、**使徒の働き**執筆時には、多分パウロはすでに殉教していた（パウロの殉教は六七年、あるいは六二年とも。ルカの福音書執筆は八〇年代とされるから、**使徒の働き**執筆はそれ以降である）。それでも神の国を宣べ伝え続けている場面で終わるのは、ペテロ、パウロの流れにある正統的教会は宣教し続けるもの、聖霊の働きはまだ続いている、というのがルカのメッセージだからではないだろうか。われわれは、**使徒の働き**二九章を生きている。

使徒の働きは、福音の地理的拡大と共に、民族的拡大をも示している。ユダヤ人からサマリヤ人へ（八章）、神を敬うローマ人へ（一〇章）、ギリシア人へ（一一20）、ローマ帝国のさまざまな地域、民族の人々へ（一三章以下）――。私たちの周囲のさまざまな人々に福音を宣べ伝えるとき、主は拡大・発展させてくださる。聖霊による救いのわざは、家族、親族にも発展する（一六31）。救われていない人がいる所のすべてが「地の果て」である。あなたのすぐそばに地の果てはある。そこに福音をもたらしたい。

三、聖霊の働きの完成（6～7節、11節）

弟子たちは、聖霊のバプテスマを約束される主に、「主よ。今こそ、イスラエルのために国を再興してくださるのですか」と尋ねる（6節）。それへの主の答えが、「しかし、聖霊があなたがたの上に臨まれるとき……」（8節）である。御国の完成まで私たちがすることは、聖霊によってキリストの証人となることである。

御国の完成は、キリストの再臨による（11節）。主が、天に上げられたのと同じ有り様で、復活の体を持って再び来られる時に、地上に神の国が実現する。それが聖霊による証し、伝道、宣教のゴールである。目先の結果に一喜一憂することなく、御国の完成の希望をもって励みたい。

——二〇〇九年五月十七日　主日礼拝

聖霊を待ち望む〔リバイバルに備えて〕

使徒一12〜26

「この人たちは、婦人たちやイエスの母マリヤ、およびイエスの兄弟たちとともに、みな心を合わせ、祈りに専念していた。」（一14新改訳三版）

いつの時代にも、どんな状況でも、教会に聖霊の働きが必要なのはいうまでもない。聖書のみことばによって、きちんと聖霊を受け止め、正しく満たされていかなければならない。

この箇所は、最初に聖霊を受けた人々が、どのように五旬節の聖霊降臨に備えたかが書かれている。そこには、おもに二つの出来事が書かれている。それは、彼らの祈りと、ユダの脱落に伴う十二使徒の欠員補充である。それらの中に、聖霊降臨をいかに待ち望んだかが窺われる。

もちろん、聖霊降臨は歴史的にすでに起こったが、私たち個人が聖霊に満たされる経験として、あるいは教会が聖霊に満たされて力強く証しするリバイバルとして、繰り返されるべきものである。

私たちは、どのようにして聖霊の力強い働きを待ち望み、備えればよいであろうか。それは、①祈りによって、②証し人を備えることによって、である。

一、祈り（13〜14節）

聖霊の力強い働きをいただく第一の秘訣は、祈りである。

その祈りは、心を合わせた祈りであった。「心を合わせ」は、使徒の働きでよく用いられる語である。どういう人々が心を合わせたかは、重要である。誰が一番偉いかと言っていた弟子たち（13節）、イエスが救い主だとは毛頭信じていなかったイエスの兄弟たちも（14節）、心を一つにして祈っていた。自己中心や不信仰を悔い改め、互いに赦し合って祈ることは必要である。また、心を合わせて祈る最も良い方法は、集まって祈ることである。

その祈りは、専念された祈りであった。「専念していた」は、あることに向かってゆるがないこと。それは、質的な専念であった。彼らは、ゆるがないでひたすら聖霊を求めて祈ったのである。それはまた、量的な専念でもあった。彼らは、約十日間祈った。主の復活顕現は、約四十日にわたった（3節）。そして、過越の次の安息日（土曜日）から五十日目が五旬節。差し引き約十日である。いずれにしても、彼らは、多くの日数を祈りに専念して、聖霊を求め続けたのである。

その祈りは、みことばに基づいた祈りであった。言うまでもなく、彼らは主イエスの約束のみことばに信頼して（4〜5節、8節）、聖霊を祈り求めた。また、15節以下の十二使徒の欠員補充を、ペテロは旧約のみことばに基づいて行っている。ペテロたちは、聖霊を受ける前から旧約聖書をキリスト中心に再解釈していたようである。だから聖霊降臨の時に、それがヨエル書の預言だと即座に説明し（二16〜21）、旧約聖書を引用しながらイエスについて証しすることができた。主の約束のみことばとともに、旧約聖書のみことばにも基づいて、彼らは祈り求めたのである。そのような旧約の再解釈は、間違いなく復活の主の旧約解釈（ルカ二四27、44〜46）に基づいたものであろう。

聖霊に満たされ、力強い聖霊の働きの器となることは、主イエスの約束であり、聖書に示された神のみこころである。信頼して、心を合わせ、リバイバルを見るまでゆるがないで祈り続けよう。

二、証し人の備え（15〜26節）

聖霊の力強い働きをいただく第二の秘訣は、証し人たち自身がよく備えられることである。それは、ユダの欠けを補う使徒の選任に表われている。マッテヤの選任は、聖霊を受ける備えであった。

それは、主イエスのみこころを行うためであった。十二使徒は、新しいイスラエル十二部族、教会の土台として主イエスに選ばれた。聖霊として降臨される主を迎え、主が計画された教会が発足するためには、十二人が必要であった。聖霊降臨日に、ペテロは、十一人とともに立ち上がって証しする(二14)。教会の宣教は十二人で始めるべきものだと自覚していたのである。今日の教会も、皆で聖霊に満たされて、皆で立ち上がるならば力強い証しができる。一人の欠けもなく満たされたい。

その選任の条件は、主の地上の生涯と復活昇天を知る者であった(22節)。これは、特に主の復活の証人となるために必要な条件であった(二32、三15、四33、五30〜32他)。それは、主を十字架につけたイスラエルに対する決定的な証しであり、異邦人の使徒となったパウロとはまた違った役割があったのである。私たちは主の復活を見ていないが、信じて救われ、復活のいのちを経験しているならば、主の証人となれる。

その選別方法は、祈りとくじ引きであった(23〜26節)。地上で十二人をお選びになった主に再び選別を願ったのである。主に選ばれた人だけが、その任に当たることができた。主から選ばれたという使命感を持つ者こそが、キリストの証人となれる。今日、使徒の宣教の役割は教会全体で担うものである。皆が使命感を持つのである。
「一、祈り」でも触れたが、その選別はみことばに基づいていた。選ばれたという確信は、みことばから来る。みことばによって確信し、主のみこころに従う確固たる意志をもって聖霊に満たされ、証ししたい。

——二〇〇九年五月二十四日　主日礼拝

語らせる御霊〔ペンテコステは続く〕　使徒二1〜13

「すると、みなが聖霊に満たされ、御霊が話させてくださるとおりに、他国のことばで話しだした。」（二4 新改訳三版）

本日はペンテコステ礼拝である。

五旬節（ペンテコステ＝五〇）は、過越節の次の安息日の翌日から五〇日目の祭（レビ記二三15〜16）。旧約では「初穂の（刈り入れの）祭」（出エジプト記二三16、民数記二八26）、「七週の祭り」（出エジプト記三四22）などと呼ばれる。モーセが十戒を受けた日が五旬節にあたるとして、律法付与の記念の祭にもなっていた（出エジプト記一九1から計算）。

そのようなペンテコステに聖霊が降るということは、それが霊的な大収穫の始まりであることを象徴するのであろう。また、それは、律法によらず、聖霊による福音の宣教によってもたらされる。

聖霊が降臨して、教会は教会として歩み始めた。聖霊が教会に行わせた最初の働きは、証し、宣教である。ペンテコステの聖霊降臨は、歴史的には一度だけである。しかし、聖霊による力強い宣教とリバイバルは、何度でも起こる。その意味では、ペンテコステは続く。そして、聖霊の器として宣べ伝えるのは、私たちである。

聖霊の働きは、一時の感情の高揚ではない。生涯にわたって続く力である（イザヤ書四〇31）。主の弟子たちは死に至るまで燃え続けた。私たちも、聖霊によってキリストを力強く証しすることができる。

一、ひとりひとりを語らせる御霊（3節）

聖霊は、聖霊を受けたすべての人を語れるようにしてくださる。だから、私たちはキリストを証しすることができる。

「炎」。火は神の臨在の象徴（出エジプトの火の柱）。いつまでも私たちとともにいてくださる、神とキリストに等しいお方として、聖霊は来られた。その聖霊が「炎のような分かれた舌」の形で来られたのには、当然意味がある。3節の「舌」は、4節の「ことば」と同じ語。語らせてくださるお方として、聖霊は来られたのである。

聖霊は、「ひとりひとりの上にとどまった」（3節）。確かに、教会を代表して立ち上がるのは使徒たちであり、語るのはペテロであるが（14節）、聖霊に満たされて他国のことばで話しだしたのは、「みな」（4節）であった。聖霊の働きは、「総動員伝道」である。

二、伝わることばを語らせる御霊（4節、7〜11節）

聖霊はひとりひとりを語らせるが、その語るところが伝わるように語らせてくださる。だから、私たちはキリストを証しすることができる。

「他国のことば」（複数）は、方言も含むようである。9〜11節に挙げられる地方は以下の通り。パルテヤ、メジヤ、エラムは、今のイラク、イラン地方。メソポタミヤは、ユーフラテス川の中流から上流（旧約のパダンアラム）。そしてユダヤ。カパドキヤ、ポントとアジヤ、フルギヤとパンフリヤは、トルコ地方。エジプトとクレネに近いリビヤは北アフリカ。ローマは、ヨーロッパ。クレテは地中海の島。アラビヤは、紅海からユーフラテス川に及ぶナバテヤ王国で、首都はペトラ。当時はダマスコのあるシリヤも含んでいた。

聖霊によって学んだことがない外国語で語れることは、教会の宣教の開始にあたり、地の果てまでキリストの証人となること（一8）の象徴、保証としての奇蹟であった。今も変わらないのは、聖霊が福音を人の心に届かせることである。語る私たちだけでなく、聞く者の心を聖霊が動かして、受け止めさせてくださる。語る側にも、聞く側にも働いて、福音を伝達するのは聖霊御自身である。

三、神のみわざを語らせる御霊（11節）

聖霊は、ひとりひとりにとどまって語らせ、人に伝わることばを語らせるが、肝心なのはそのことばの内容である。聖霊は、神のみわざ＝福音を語らせる。だから、私たちはキリストを証しすることができる。

聖霊に満たされた弟子たちが語ったのは「神の大きなみわざ」であった（11節）。その内容はこの箇所からはわからないが、14節以下のペテロの説教から推測して、イエス・キリストの生涯、十字架と復活などであろう。それは、聖霊を受けた弟子たちの多くが実際に見聞きしたことで（Iコリント一五5～7参照）、彼ら自身の体験の証しでもあったろう。

今日の私たちは、聖書によってキリストを知ると同時に、ペンテコステに降ったのと同じ聖霊によって心を動かされ、キリストを信じ、救われた。同じ「神の大きなみわざ」は、私たちの内にも起こっている。救われた私たちそのものが証しである。聖霊によって「私」になされた神の大きなみわざを語っていこう。

――二〇〇九年五月三十一日ペンテコステ礼拝

主の御名による救い〔終末時代の到来〕　使徒二14～21

「しかし、主の名を呼ぶ者は、みな救われる。」（二21 新改訳三版）

いよいよ特集の日を迎えた。午後には父と母の集いがある。テキストとして与えられた使徒の働き二章14～21節から、証しについて考えたい。

聖霊が降って、弟子たちがさまざまな他国のことばで語りだした（4節）。ある人たちはそれを聞いて理解して驚き惑い（4～12節）、ある人たちは、「甘いぶどう酒に酔っているのだ」とあざけった（13節）。それに応えてペテロが語るのが、この場面である。

ペテロの説教は39節まで続く。14～21節は、他国のことばによる宣教がヨエル書二章28～32節の預言の成就であるという説明。22～36節は、イエスの生涯と十字架・復活。37節の人々の質問を挟んで、38～39節は悔い改めと信仰・バプテスマの勧めである。

この部分は、ペテロの宣教全体から見ると緒論的部分であるが、ヨエル書の引用は重要である。それは、弟子たちの他国のことばによる宣教が聖霊の注ぎによるという説明と同時に、終わりの時代の聖霊の注ぎであること（17節）、語られているのが救いのメッセージであることの説明でもある（21節）。聖霊による教会の宣教開始以来、イエス・キリストを信じる者は誰でも救われるという終末時代に入っているのである。

21節の引用、ヨエル書二章32節は、ローマ一〇章13節ではキリストへの信仰を告白する者はみな救われるという文脈で引用される。ヨエル書二章32節がキリスト預言という初代教会の共通理解があったのであろう。つまり「主」とはイエス・キリストであり、「主の名を呼ぶ」とは、イエスへの信仰を告白すること、救いを求めて救い主イエスに祈ることである。

信じるべきイエス・キリストについては、21節ではまだ語られないが、イエスへの信仰告白へと導くのは、弟子たちの証し（宣教）である。福音は、聖霊がじかに伝えるのではなく、聖霊に満たされた人が伝える。

人を主イエスを信じる信仰告白に導くものは、教会の宣教、証しである。それは、①聖霊による証し、②みことばによる証し、③ともに立ち上がる証し、である。

一、聖霊による証し（17～18節）

人を信仰告白に導くのは、聖霊による私たちの証しである。ペテロはヨエル書を引用して、他国のことばで証ししたのは聖霊の注ぎによるものだと説明する（17〜18節）。もちろん、今ペテロが語っているのも聖霊によるのは言うまでもない。

聖霊は、証し人となる力である（一8、ルカ二四49）。また聖霊は、聞く者に働いて信仰告白に導く（Ⅰコリント一二3）。聖霊によって語るときにこそ、語る者にも聞く者にも聖霊が働いて、信仰告白へと導くことができる。信じて救われたい場合も、信仰に導きたい場合も、必要なのは聖霊の働きを求める祈りである。祈って聖霊に働いていただくときに、確かな救いを手渡し、受け取ることができる。聖霊によらなければ、「イエスは主です」と言うことはできない！

二、みことばによる証し（16節）

人を信仰告白に導くのは、みことばによる私たちの証しである。

ペテロが、他国のことばによる宣教を聖霊の注ぎによると断定したのは、みことばの根拠があったからである。イエスを主と信じる者がみな救われるのも、みことばの保証があるから確かなのである。ペテロは、この後イエスの復活について語るときも、旧約聖書を引用する。

イエスを主と告白させる聖霊は、イエス・キリストを証しする聖書のみことばとともに働く。

聖霊は、みことばと矛盾する働きは決してなさらない。みことばの保証のない「聖霊の働き」は危険である。

証しにうまいことばは、必ずしも必要ではない。重要な聖書のみことばをしっかりと心に留めておいて、それを開いて、一緒に読んで祈ればよい。聖霊がみことばとともに働いて、救ってくださる。

三、ともに立ち上がる証し（14節）

最後に心に止めたいのは、語るペテロとともに立ち上がった十一人の使徒たちである。人を信仰告白に導く証しとして、自分は語らなくても、語る人とともに立ち上がる、ことばならざる証しも見逃せない。

聖霊降臨によって「教会」として歩み始めた教会は、ひとりではなく、ともに信仰を守り、ともに証しする群れとして設計された。心を一つにして宮や教会で集まる人々の姿は、すべての民に好意を持たれ、次々に救われる人が加えられた（44～47節）。

毎週の礼拝や特別集会に出席して、心を合わせてことばならざる証しをしよう。それもまた、聖霊に満たされた人のなすべき証しである。

――二〇〇九年六月七日　主日礼拝

イエスこそ救い主〔使徒たちの宣教〕　使徒二22～36

「ですから、イスラエルのすべての人々は、このことをはっきりと知らなければなりません。すなわち、神が、今や主ともキリストともされたこのイエスを、あなたがたは十字架につけたのです。」（二36 新改訳三版）

特別集会が終わり、多くの良い反応が寄せられた。しかし、それは入口である。イエス・キリストを信じてこそ、初めて教会の中に入る。

五旬節（ペンテコステ）の日に聖霊が下り、聖霊を受けた弟子たちは、いろいろな他国のことばで福音を語り始めた（1～11節）。ある人々は驚き惑い、ある人々は「甘いぶどう酒に酔っているのだ」と言った（12～13節）。そこでペテロは、それが聖霊の注ぎによることを説明する（14～21節）。さらにこの22～36節で本論に入り、イエスについて語る。それは、ペテロとともに立ち上がった十一人の使徒たちの宣教でもあり、教会全体の宣教である（14節）。

しめくくりである36節は、その宣教をよく要約する。つまり、イエスは救い主キリストであり、皆が信じなければならないお方だということである。ペテロは、「ですから、イスラエルのすべての人々は、このことをはっきりと知らなければなりません」と言う。

当時のイスラエルの人々がイエスを信じなければならない理由は、今日の私たちにも共通する。それは、イエスが主・キリストだから、イエス・キリストを十字架につけたのは私たちだから、である。

一、イエスは主、キリスト

ペテロは、その説教のしめくくりにおいて、イエスが主、キリストであると主張する（36節）。「主」（キュリオス）とは、イスラエルにおいては旧約聖書の「主」（ヤハウェ）にあたり、神を意味する。キリスト（クリストス）は、メシア（マーシーアハ＝油注がれた者）のギリシア語訳で、神に立てられた者を意味したが、捕囚時代、中間時代を経て、異邦人の支配から救うために神に立てられた救い主を意味するようになった。

ペテロのそのような主張には、根拠があった。それは第一に、イエスの生涯である。イエスは、「力あるわざと不思議としるし」を行われた。それは神がイエスはどのようなお方かをあかしされたことで、当時はよく知られていたことだった（22節）。

第二に、それはイエスの死と復活である。イエスは十字架に死なれた（23節）が、神はイエスをよみがえらせた（24節）。そして、ペテロや使徒たちはその証人＝目撃者である（32節）。初期のエルサレム教会の宣教では、十字架の説明よりも、復活の証しが目立つ。復活を目撃した生々しい体験に基づいているからであろう。イエスがどれほどの奇蹟を行って、どれほど崇高な死を遂げても、それだけでは神に等しいお方とまでは言えない。復活は、すべての証拠の中で最も決定的なものである。

第三に、それは旧約聖書の預言でもある。ペテロは、イエスの復活について詩篇一六8～11に預言されていたと説明する（25～31節）。詩篇一六篇の預言はダビデ自身のことではなく、ダビデが別の詩で「主」と呼んでいるキリストのことである（34～35節、詩篇一一〇1）。イエスの生涯、死・復活・昇天は、長い間預言されてきた神の永遠の御計画だった。

弟子たちは、イエスのごとくに復活することを信じて、命をも捨てて宣教した。新約聖書は、そのようなキリスト証言を私たちに示し、信じることを迫っているのである。

二、私たちがイエスを十字架につけた

ペテロは、群衆に「あなたがたは……この方を……殺しました」（23節）、「このイエスを、あなたがたは十字架につけたのです」（36節）と言う。現実には、イエスの死刑を決定したのはイスラエルの宗教的指導者たちであり、刑を執行したのはローマ総督ピラトとローマの兵隊たちである。しかし、祭司長たちに扇動されて「十字架につけろ」と叫んだのは群衆であった（マタイ二七22～25、マルコ一五11～14、ルカ二三18～23、ヨハネ一九12、15）。多くのエルサレムの住民は、直接手を下していなくても、身に覚えがあったであろう。

しかし、私たち日本人は、「十字架につけろ」と叫んだ人たちや、それを黙認した人たちとどれほど違うだろうか。第二次世界大戦の狂気、今の子どもたちのいじめ、保身に汲々とする教育者たち……。しかし、私たちが同じ立場に置かれたらどうであろう。私たちは、イエスを十字架につけた人々と同類である。そのような人類の罪を贖うためにこそ、イエスは十字架の道を歩まれた。私たちは皆、十字架と復活の主イエスを仰ぎ、赦しを乞わなければならないのではないか。

――二〇〇九年六月十四日主日礼拝

どうしたら救われるか　使徒二37～42

「そこでペテロは彼らに答えた。『悔い改めなさい。そして、それぞれの罪を赦していただくために、イエス・キリストの名によってバプテスマを受けなさい。そうすれば、賜物として聖霊を受けるでしょう。』」（二38 新改訳三版）

「救われる」ということは、新約聖書では「永遠のいのちを持つ」「神の子とされる」「贖われる」「義とされる」等々と表現される。要するに、永遠の滅びから救われることである。

ペテロの宣教（14～36節）に心を刺された人々は、「私たちはどうしたらよいでしょうか」と問う（37節）。ペテロの答えは、「悔い改めなさい。そして……イエス・キリストの名によってバプテスマを受けなさい」という勧めである（38節）。それは、「この曲がった時代から救われなさい」（40節）とペテロが言うように、救われるにはどうしたらよいかを語っている。「賜物として聖霊を受ける」とは、神の霊が宿って神のものとされること、救われることと同義である。そのような救いの約束は、どの時代の人々にも、イスラエル人にも異邦人にも与えられている（39節）。

もちろん、イエスの名によってバプテスマを受けることは、イエスを救い主として信じることを前提としている。今の私たちにわかるように詳しく言うと、罪を悔い改めてイエス・キリストを信じ、バプテスマを受けるなら、確かな救いを受けることができる、ということである。

一、悔改め

救いのために必要なのは、まず悔い改めることである。

この悔改めは、決定的・根本的な悔改めである。イエス・キリストを十字架につけた罪人であることを認めて（23、36節）、これまで神に背いてきた根本的な罪を悔い改めるのである。悔改めは、旧約聖書ヘブライ語で「シューブ」（方向転換して神に帰ること）、新約聖書ギリシア語では「メタノイア」（心を変えること）。これまで背を向けてきた神とキリストの方へと向き直り、二度と罪の奴隷にならないと堅く決心するのが悔改めである。罪の世を後ろにし、十字架を前に見て生きる方向転換である。

もちろん、自分が罪人であるとわかるのは、個々の罪から、自分の力では罪に勝つ力がない

ことを悟るときである。（聖歌四一七）

二、イエス・キリストへの信仰

救いのために必要なのは、次にイエス・キリストへの信仰である。バプテスマを受けることは、信じることを含む。イエス・キリストを信じるからこそ、その名によってバプテスマを受けるのである。

ペテロの宣教を聴いた人々も、十字架につけられたイエスが復活し、今や主、キリストとされたことを悟ったから、どうしたらよいかと問い（37節）、ペテロのことばに従ってバプテスマを受けた（41節）。

人間と救い主イエスを結ぶものは、信仰しかない。自分の罪を十字架で負ってくださったイエスを心から信じるときに、罪が赦され、救われる。

三、バプテスマ

救いのために必要なのは、第三にバプテスマである。

バプテスマは、信仰の当然の結果である。旧約以来、祭儀は神に恵みを求め、受け止める信仰の現れであった。ヨハネのバプテスマも、口での罪の告白を伴う悔改めの表明であった。イエス御自身も、人々にバプテスマを受けさせていたが（ヨハネ三22、四1〜2）、復活後、明白に弟子たちにバプテスマを命令される（マタイ二八19）。

ここでのイエス・キリストの名によるバプテスマと、マタイ二八章19節の父と子と聖霊の御名によるバプテスマは、別々のものではない。マタイにおける命令は、まことの神を知らない異邦人伝道におけるものであり、ここでは、神も聖霊も熟知するユダヤ人への宣教である。彼らが信じなければならないのは、イエスが救い主であることのみだったので、イエス・キリストの御名によるバプテスマを受けたのである（一〇48、一九5参照）。バプテスマの形式が信仰内容と合致していることも、信仰とバプテスマの不可分なことを示している。

信仰を持ってバプテスマを受けるとき、賜物として聖霊が与えられるとペテロは約束する。そこで確かに神のものとされるのである。聖霊はキリストが注ぐ神の霊であるから（33節）、聖霊によってキリストのものとなると理解してよい。信じてバプテスマを受ける者は確かに救われ（マルコ一六16）、キリストのものとなる。

悔い改めてイエス・キリストを信じ、バプテスマを受け、賜物としての聖霊を受け、確かな救いをいただきたい。

――二〇〇九年六月二十八日　主日礼拝

聖霊による教会生活〔私たちが専念すること〕　使徒二42～47

「そして毎日、心を一つにして宮に集まり、家でパンを裂き、喜びと真心をもって食事をともにし、神を賛美し、すべての民に好意を持たれた。主も毎日救われる人々を仲間に加えてくださった。」（二46～47 新改訳三版）

バプテスマを受けた信者は、教会の一員として生活する。それは、最初の教会から続いているものである。

ここには、聖霊降臨によって発足した世界最初の教会での教会生活が記されている。ペンテコステの日に悔い改めてバプテスマを受けた人が三千人いた（41節）が、彼らは、教会として生活していた。

それは、どのような生活だったか。詳しくは後で述べるが、一言でいえば、礼拝しつつともに生きる共同体としての生活であった。最初の教会は、教会として、礼拝や交わりをともにして生活した。

そのような教会生活は、教会が始まってから今日に至るまで、キリストを信じて洗礼を受けたすべての信者に望まれる生活である。なぜなら、①教会生活の力である聖霊が与えられているから、②教会生活の実際は、神中心の生活だから、③教会生活の結果、主が働かれるからである。

一、教会生活の力――聖霊

教会生活の力は聖霊である。

42〜47節は、直接「聖霊」には言及しない。しかし、「祈り」（42節）、「喜びと真心をもって」（46節）、「神を賛美し」（47節）などと、明らかな聖霊の働きの記述がある。もちろん、悔い改め、信じてバプテスマを受けた人々が、賜物として聖霊をいただいたのは間違いない（38節）。

教会生活は、聖霊の力によってこそ行われる。だから、聖霊を受けた者は、教会生活を送るべきなのである。

礼拝も、奉仕も、お互いを助ける愛の交わりも、教会生活のすべてを聖霊によって、喜びと真心をもって行いたい。

二、教会生活の実際——神中心の生活への専念

教会生活の実際は、神中心、キリスト中心の生活である。ここには、最初の教会が行ったいろいろなことが記されている。彼らは、それらの教会生活に「専念していた」。

42節直訳は、「彼らは、使徒たちの教えと、交わりと、パンを裂くことと、祈りに専念していた」。46節直訳も「彼らは、日ごとに、心を一つにして神殿にいることと、家ごとにパンを裂くことに専念していて……」。

これらを整理すると、使徒たちの教え（42節、旧約解釈も含む使徒たちが聴いた主イエスの教え）、家々でパンを裂くこと（42、46節、聖餐式）、祈り（42節、神殿でささげる定時の祈りも含む）、神殿での集会（46節、42節「祈り」）、神への賛美（47節）などは、神への礼拝としてまとめられる。また彼らは、お互いの交わり（42節）を持っていた。その実際は、44〜45節の「共有」と「分配」である。

すべてのものを共有し、犠牲を払ってお互いの必要を満たす交わりは、同じ救い主を仰ぐ信仰から来るものである。キリストにあってこそ、多種多様な人々が一つになり、真実に愛し合

うことができる。私たちもキリスト中心の生活をして、聖霊の力によってすべての喜びや悲しみを共有し、お互いの必要に敏感であり、喜んで犠牲を払って助け合う交わりを築いていきたい。キリストを礼拝し、祈り、キリスト中心の愛の交わりを築き上げることに、いつも専念する教会でありたい。

三、教会生活の結果——主の働き

教会生活の結果は、主の働きである。

主の働きの第一は、すべての人々の恐れである（43節）。ペテロの宣教と三千人もの救いは、エルサレムの人々に衝撃を与えたことであろう。そこに、終末の救いの時が来たことのしるしとして、使徒たちの奇蹟が行われた（「天に不思議なわざ……地にしるし」19節参照）。

主の働きの第二は、人々の教会に対する好意である（47節）。その直訳は、「（教会の人々は）すべての民に対して恵みを持っていた」。教会の人々が、人の心を引きつけるものを持っていた、という意味であろう。彼らの礼拝と愛の交わりの姿が好意を引き起こした。それもまた、信者たちを聖霊に満たした主の働きである。

主の働きの第三は、毎日救われる人々を仲間に加えてくださったことである（47節）。主は、教会の礼拝と交わりの姿を証しとして用いてくださった。私たちが主を第一とし、主を中心とした礼拝と交わりに専念することは、ことばの証しを裏づける力強い証しである。

聖霊の力によって、神中心、キリスト中心の教会生活に専念し、愛の交わりを築き上げていくなら、主はそれを通して人を救ってくださる。

——二〇〇九年七月五日　主日礼拝

イエスの御名の力〔自分の足で歩む〕　使徒三1～16

「金銀は私にはない。しかし、私にあるものを上げよう。ナザレのイエス・キリストの名によって、歩きなさい。」（三6 新改訳三版）

心がすさむ昨今の世相である。社会が悪い、親が悪い……と自暴自棄になる人が多い。一生懸命生きることをやめてしまう人が多い。

ペテロとヨハネは、いつものように宮に祈りに行く。教会は、日々心を一つにして宮に集まり、祈った（二42、46）。定時の祈りは旧約以来の習慣で、神殿での祈りは、早朝と夕方の犠牲（出エジプト記二九39）に続いて行われた。夕方の祈りは、第九時（午後三時）頃であった。

ペテロとヨハネは、「美しの門」で足がなえた物乞いに会った。「美しの門」は、異邦人の庭と婦人の庭の間にある美しい細工がされた青銅の門で、金銀をかぶせた門よりも美しいと言われた。そこにあわれな足のなえた物乞い。物質豊かな発達した文明の中で、不幸な人が無数にいて、毎年三万人自殺する日本と似ている。

この物乞いは、ペテロとヨハネを通して癒された。それは、イエス・キリストの御名の力による（6節）。そして彼は、家に帰るのでも仕事を探しに行くのでもなく、神を賛美しながら使徒たちとともに宮に入り、躍り上がり、歩き回り、いつまでも喜び続け、神を賛美してやまない（8～9節）。なえた足とともに心も癒されたのである。

私たちはどうか。自分の不幸を人のせいや神のせいにして、前に進んでいけないような状態になっている人はいないだろうか。

人間は何らかの形で助け合っており、自分の力だけで生きている人は一人もいない。しかし、与えられた人生を一生懸命生きるという意味で、私たちは自分の足で歩んでいかなければならない。

私たちは、自分の足で立って歩むことができる。それは、主イエスの御名によってである。

一、教会が伝えるイエスの御名（3～7節）

私たちは、教会が伝えるイエスの御名の力によって、立って歩むことができる。「金銀は私にはない。しかし、私にあるものを上げよう……」と、ペテロとヨハネは言う（6節）。教会がこの世に与えられるものは、イエス・キリストの御名である。

イエスの御名を人に手渡す方法は、まず祈りである。ペテロとヨハネをはじめとする教会は、毎日祈った（1節、二42）。

イエスの御名を人に手渡す方法は、具体的な助けでもある。ペテロは、物乞いの男の手をとって立たせた（7節）。今日も、教会はさまざまな信仰の手引きや助けをする。実際的な援助もする（給食、福祉事業、学校・幼稚園等々）。ただし、社会活動が教会の本業ではない。人々を愛し、イエスの御名による救いを手渡すために、どんなことでもするのである。

二、信仰によって受けるイエスの御名（8～9節、16節）

私たちは、信仰によって受けとめられたイエスの御名の力によって、立って歩むことができる。この物乞いの男は、神とイエス・キリストに感謝する信仰を持っていた（8～9節）。

ペテロとヨハネは、この男が信仰を持つのを助けたにすぎない（12節）。この人自身が信仰を持ったからこそ、歩くことができた。そしてその信仰は、「イエスによって与えられ」たものであった（16節）。

イエス・キリストの御名の力は、信仰によってその御名を受けとめるときに力強く働く。しかし、信仰は自分の力で持つものではない。聖霊によって主が働かれるから、信じられる。主イエスが与えてくださる信仰を拒まず、心に迫りを受けたら、ためらわず信じたい。

信じたいと思っても、人間は本質的に不信仰なものだが、主イエスは、聖霊によって助けてくださる（マルコ九24）。人間は、ただ主にすがるのみ――それが信仰である。

三、死んでよみがえられたイエスの御名（13〜15節）

私たちは、死んでよみがえられたイエスの御名の力によって、立って歩むことができる。イエス・キリストの御名に力があることは、その死と復活で証明された。罪によって、人間は永遠のいのちを失った。しかし、主は十字架で血を流してすべての罪を贖い、悪魔のわざを打ち砕いた。そして、その贖いの有効なこと、永遠のいのちが確かなことを、復活で証明した。十字架と復活による救いにこそ、死にさえ打ち勝つ最後の勝利がある（黙示録七14）。

この世には、絶対的な希望などない。しかし、イエス・キリストには永遠の勝利がある。永遠の勝利が確定しているからこそ、生きにくい今を生きる力が湧いて来る。信仰をいただき、イエスの御名にある十字架と復活の勝利の力をいただき、しっかりと自分の足で歩んでいきたい。

――二〇〇九年七月十二日　主日礼拝

神に立ち返る〔再臨と回復に備えて〕　使徒三17〜26

「そういうわけですから、あなたがたの罪をぬぐい去っていただくために、悔い改めて、神に立ち返りなさい。」（三19 新改訳三版）

今日は、悔改めがテーマである。「悔改め」と言うと、しばしば「懺悔《ざんげ》」を思い起こすが、罪は告白したら自動的に赦されるものではない。悔改めとは、心から赦しを乞い、神に立ち返ることである。

美しの門で足がなえた物乞いの男が癒やされ、彼はペテロとヨハネとともに神殿に入って行き、喜んで歩き回り、跳んだりはねたりしていた（1〜10節）。それを見て驚きあきれて集まってきた人々に、ペテロは何が起こったかを語った（11節以降）。16節までは、この人に何が起こったかを説明したが、本日の箇所（17〜26節）は、そのイエスの御名によるみわざに基づいた群衆への勧めである。それは、要するに「悔い改めて、神に立ち返りなさい」（19節）ということであった。

「悔い改める」（ギリシア語メタノエオー、ヘブライ語シューブ）とは、方向を変えて神に帰ること、「神に立ち返る」ことである。これまでの罪を心から悲しみ悔いて、神に赦しを求め、神なき生活から方向転換することである。当然そこには、根本的な心の変化や生活の変化もある。

私たちは、悔い改めて神に立ち返らなければならない。それは、①罪をぬぐい去っていただくため（19節）、②邪悪な生活から立ち返るため（26節）、③主の再臨と回復に備えるため（20〜21節）、である。

一、罪をぬぐい去っていただくため（19節）

私たちは、罪をぬぐい去っていただくために、神に立ち返る。ここでの罪は複数。「罪をぬぐい去っていただく」とは、これまでに犯したもろもろの罪を赦していただくことである。

この聴衆の多くは、イエスを十字架につけろと叫んだ人々であった（13〜15節）。すべての罪は主イエスを十字架につけた原因ではあるが、直接それに関わる罪は最も罪深く思われる。しかし、それさえも赦されるとペテロは言う。どんな罪でも神は赦すことができる。その罪の身代わりとして、尊い御子が十字架で死なれたのである。

私たちがすべきことは、悔い改めである。それは根本的には神への方向転換であるが、さらに具体的には、心を変えて（ギリシア語メタノイアの語義）、罪を悲しみ、心から神に赦しを乞うことである。かつての罪を自慢するような証しをたまに聞く。しかし、神の赦しの恵みの大きさを証しするために、恥を忍んで語る……というのが本当のあり方であろう。

二、邪悪な生活から立ち返るため（26節）

私たちは、邪悪な生活から立ち返るために、神に立ち返る。

ここでの「邪悪な生活」とは、「もろもろの悪」のこと。犯した罪の原因である、いろいろな悪い生き方である。そこから離れて神に喜ばれる生き方に変えられるために、悔い改めるのである。

表面的には、ユダヤ人はそれほど「邪悪な」生活をしていたとは思えない。旧約律法は、非常に高い倫理的水準を持っていた。それでも、心の中には悪い思いがあった（例・ヨハネ八7～9）。律法でもどうにもならない罪を贖うのがキリストの十字架である。だから、救い主を拒むことが最も罪深い邪悪な生き方である。

神に従う生活は、時には難しいが、結局は、そこに私たちの最高の幸福がある。賢くキリストに従う生活へと立ち返ろう。

三、主の再臨と回復に備えるため（20〜21節）

私たちは、回復の時の主イエスの再臨に備えるために、神に立ち返る。主イエスは再びおいでになり、すべてが新しく造り変えられ、神の国が完成する。悔い改めて罪を赦され、悪い生き方から離れるのは、最後の完成を待ち望む姿勢なのである。

私たちは、二重の意味で終末を必ず迎える。ひとつは死、もうひとつは世の終わり。人は、一度死ぬことと死後にさばきを受けることが定まっている（ヘブル九27）。また、世の終わりには、すべての人が神の記録の書に従ってさばかれる（黙示録二〇12〜15）。そして、新天新地が完成し、神が目の涙をすべてぬぐってくださり、死も悲しみも苦しみもない時が来る（黙示録二一1〜4）。その恵みにあずかるためにこそ、私たちは今罪を認めて主イエスを信じ、罪深い生活から神に立ち返るのである。

悔い改める者には、罪の赦し、罪の生活からの贖い、永遠の希望が与えられる。それは、すべて救い主イエス・キリストの十字架と復活による。すべての罪を赦し、すべての悪からきよめ、永遠のいのちを与えてくださる主イエス・キリストを信じて、悔い改めて神に立ち返ろう。

——二〇〇九年七月十九日　主日礼拝

この方以外に救いはない〔キリスト教の独自性〕　使徒四1〜14

「この方以外には、だれによっても救いはありません。天の下でこの御名のほかに、私たちが救われるべき名は人に与えられていないからです。」（四12 新改訳三版）

この世界には、本当の神がおられ、本当の救い主がおられる。神の御子イエス・キリスト以外に救いはない。キリスト教は確かに排他的だが、本物を持っているなら、あれでも良い、これでも良いとは言えない。

美しの門での癒やしの奇蹟は多くの群衆を集め、ペテロは彼らに語った（三章）。その騒ぎに駆けつけて来たのが、祭司たち、宮の守衛長、サドカイ人たちという神殿の管理者たち（1節）。そして、使徒たちと癒やされた人は議会に立たされ、使徒たちは「この方以外に救いはない」と宣言。議会と指導者たちは明らかに教会と反対の立場を取るようになる。

美しの門の奇蹟は、生まれつき足の悪い人が立って歩いた奇蹟でもあったが、教会とユダヤ教との違いが明らかになってきて、教会がイエスの御名によって歩き始めた奇蹟でもあった。イエス・キリストのみが救い主である。それが、教会が初めから宣べ伝えてきた福音である。それは、①イエスだけが死んで復活されたから（2、10節）、②イエスだけが長く預言されてきたから（11節）、③イエスだけが人を造り変えるから（13〜14節）、である。

一、イエスだけが死んで復活された（2、10節）

祭司層のサドカイ派は、終わりの日の死者の復活を信じない世俗主義者たちであった。さらには、特にサドカイ派は、イエスを十字架刑に定めた（決定を下したのは大祭司）。だから、イエスの復活とイエスがキリストであることを語られると困った（10節）。

しかし、そのような危険な権力者たちに大胆に語ることができたのは、イエスが事実復活したからである。

新約聖書が書かれていた時代に、「復活した」と言われた人々がイエス以外にもいた。もちろんそれは、皇帝の権威を高めるための捏造や恐怖からの噂であった。あるいは、魔術師シモン（八章）も復活すると言って自分を埋めさせ、出て来なかったという伝承がある。イエスだけが、本当に死者の中から復活した。

弟子たちは、イエスの復活に自分たちの命を賭けた。たとえ殺されても、イエスの復活に永遠のいのちの保証があったからである。

あなたの信仰はどうか。自分でキリストと向き合い、聖書と向き合って選びとったものか。死んでよみがえり、今も生きて働いておられるイエス・キリストと出会っているだろうか。

二、イエスだけが長く預言されてきた（11節）

ここまで、ペテロの説教には、必ず旧約聖書のキリスト預言が引用されているのに気付く。ここでは詩篇一一八篇22節が引用される。殺されても、復活して新しい神の民の礎の石となったイエスの預言である。

旧約聖書のキリスト預言は、実に創世記三章15節までさかのぼる。イエス・キリストとその救いのみわざは、人類の堕落以来ずっと旧約聖書に預言され続けてきた。そのように預言され、預言通りに救いのみわざを成し遂げられた方は、他にどこにもいない。イエスのみが、神御自身のみことばで長く紹介され、信用できる救い主として地上に来られた。だから、このお方のみによって救われるのである。

三、イエスだけが人を造り変える（13～14節）

ペテロとヨハネは、無学な普通の人だった。しかし、大胆にイエスを証ししていた。主イエスは、ガリラヤの無学で素朴な漁師たち、主の十字架を前にして逃げ出した彼らを、大胆に堂々たる証しをする者に造り変えた。また、誰が一番偉いかと争っていた彼らが、強固な一致を見せている。ペンテコステの日、彼らはペテロとともに立ち上がり、美しの門の一連の出来事でも、ヨハネはただペテロとともに立っている。

このような変化は、十字架・復活を経て、聖霊によって完成された（8節）。今の私たちにも、聖霊によって同じみわざがなされるのである。

ペテロとヨハネの傍らには、美しの門で癒やされた人が立っていた。彼は四十歳余り（22節）。人が今より早く歳をとった時代、自力で治ることは困難だったが、論より証拠、彼はそこに立っていた。さらには、彼は非常に喜んで神を賛美し、ずっと使徒たちと一緒にいた。肉体も心も癒やされたのである。議会の前に立っていたのは、三人のイエスに造り変えられた人々――その事実の前に、議会は「返すことばもなかった」！

イエスのみわざを受けて救われた私たちも、その証人である。誰も否定しようのない救いがそこにある。

――二〇〇九年七月二十六日　主日礼拝

逆境の中での宣教〔決意と祈りと聖霊〕　使徒四15〜31

「彼らがこう祈ると、その集まっていた場所が震い動き、一同は聖霊に満たされ、神のことばを大胆に語りだした。」（四31 新改訳三版）

主イエス・キリストの福音は、教会だけが持っているすべての人への最高の祝福である。しかし福音宣教は、しばしば困難を伴う。

美しの門での癒やしに驚いて集まった群衆に、ペテロは説教した（三章）。その内容がイエスの復活であったために、ペテロとヨハネといやされた人は捕らえられたが、議会（法廷も兼ねていた）の前で、彼らは大胆にイエスの御名による奇蹟を証言した（四1〜14）。

そこで、議会は使徒たちを退席させて協議したが、癒やしはすでに人々に知られた事実であり、多くの人々が神をあがめていたので、罰することができなかった。そこで、使徒たちをイエスの名によって語らないように脅して釈放した（15〜22節）。ペテロとヨハネは、教会の人々のところに戻り、ともに祈り、国家権力を有する議会の脅しにも屈せず、力強く福音を語り出した（23〜31節）。

ここには困難や逆境の中でも福音を語る力を得る秘訣が示されている。私たちも、困難な中で福音を宣べ伝えることができる。それは、①神に従う決意によって、②祈りによって、③聖霊の力によってである。

一、神に従う決意（19〜20節）

困難の中で福音を宣べ伝えさせるのは、神に従う強固な決意である。

一国の最高議決機関であり、最高裁判所でもある議会の脅しにも、使徒たちは屈しなかった。それは、使徒たちが確信を持っていたからである。それは、神に従っているという確信（19節）と、事実を語っているという確信（20節）である。偽証をしないことは、モーセの十戒に示されている神のみこころに従っていることである。

十字架を前にして逃げ出した使徒たちにそのような確信と決意を持たせたものは、やはり彼らが見た主の復活の事実であろう。そして、その確信を支えたのは、復活の主の御霊（後述）である。

私たちの出会う困難が、迫害であれ、試練であれ、悪魔の誘惑であれ、いつか必ず信仰が試される時が来る。確信を持って、人よりも神に従う決意を持てるなら、国家の力も動かせない力がそこにある。

二、祈り（23～30節）

困難な中でも福音を宣べ伝えさせるのは、祈りによる力である。

教会は、ペテロとヨハネが受けた脅しを共有し、「心を一つにして」祈った（23～24節a）。聖霊降臨を待ち望むとき（一14）と同様、心を合わせて祈るとき、聖霊は力強く働く。困難に出会ったら、教会で問題を分かち合い、皆で心を合わせて祈ることである。

教会は、主権者なる神に信頼して祈った（24b～28節）。指導者たちのキリストへの反抗は、天地の造り主なる神（24節b）の支配の中で起こっていた（27～28節）。教会は、それをみことば（25b～26節、詩篇二1～2）によって確認した。世のどんな困難も、神の想定外ではなく、神の支配の中で起こっている。そのような信頼をもって教会は祈った。どんな困難に出会っても、みことばに基づいて状況分析や判断をし、神の主権的支配を確認できるなら、幸いである。

教会は、大胆にみことばを語るという、聖霊の働きによってみこころを行うことを祈り求めた（29〜30節）。「しるしと不思議なわざ」とは、イエスが救い主である証拠の奇蹟であり、宣教の手段である。

心を合わせて、主権者なる神に信頼し、みこころを求めて祈り、著しい聖霊の満たしを受けるものでありたい。

三、聖霊の力（29〜31節）

困難な中でも福音を宣べ伝えさせるのは、聖霊の力である。

大胆にみことばを語り、癒やしや、しるしと不思議なわざを行うのは、聖霊の働きである（29〜30節）。彼らの祈りに答えて、聖霊は彼らを満たし、神のことばを大胆に語らせた（31節）。そして、しるしと不思議なわざは、力強く行われた（五12〜16）。「その集まっていた場所が震い動き」は、実際に地震か何かで物理的に揺れたのか、そう思えるほど霊的に高揚したのかはわからないが、著しい聖霊の満たしがあったことは疑いない。そして、国家権力との対立と迫害が始まって行く中で、教会は奮い立って宣教し、多くの人々が救われた。

聖霊によって語るときに、聞く者は聖霊によって信仰を持つ（Iコリント一二3）。聖霊によって、人は神の子である確信を持つ（ローマ八15）。聖霊によって動かされるときに、私たちを通して主イエスの御霊が力強く働く。聖霊御自身が、宣教のみわざを推し進める力である。日本でも、初代教会のような聖霊のみわざは必ず起こる。

——二〇〇九年八月二日　主日礼拝

心を一つにする教会〔聖霊による愛〕　使徒四32～37

「信じた者の群れは、心と思いを一つにして、だれひとりその持ち物を自分のものと言わず、すべてを共有にしていた。」（四32 新改訳三版）

美しの門でのいやしがきっかけで、ユダヤ教から敵視され迫害され始めた教会（三1～四22）。しかし、彼らは祈って聖霊に満たされて、さらに力強く福音を宣べ伝え続けた（四23～31）。そのようにして歩んでいた教会は、「心と思いを一つにして」いた（32節）。それは、思想や意志や感情などの精神的な一致である。

もちろん、本箇所（四32～37）や二章44～45節にあるような財産の共有は、エルサレム教会でも永続しなかったし、後の異邦人教会でも行われなかった。しかし、心と思いを一つにすることは、いつでも、どこでも、どんな状況でも、教会の望ましい姿である。

それは、当然異なる意見が全くないことではなかろう。しかし、キリストにある一致、御霊による一致、すなわち根本的な福音理解の一致、信仰における一致、愛における一致、目的における一致、希望における一致は必要である（エペソ四1〜6参照）。

私たちも、心と思いを一つにする教会を築き上げることができる。それは、①すべてを共有する愛によって、②福音と主の恵みに生きることによって、③主にある友のためにすべてをささげる愛によってである。

一、すべてを共有する愛（32節）

私たちは、すべてを共有する愛によって、心と思いを一つにする教会を築き上げることができる。

先に触れたように、エルサレム教会でも、経済的な共有は長続きしなかった。そのような共有が始まったのには、当時のエルサレム教会の特殊な事情もある。多くの離散のユダヤ人たち（おもにギリシア語を話す。六章）は、エルサレムで死ぬために地所を買っていたが、中には援助が必要な貧しい人々もいた。しかし、最初のステパノの迫害で散らされたのは、おもに離散のユダヤ人たちであった。それで、援助が必要な人々が激減したという事情もあったろう。後の異邦人教会では、仕事をしないでお節介ばかりする人々がいたり（Ⅱテサロニケ五10〜12）、教会でやもめを支えると家族が支えるのを放棄したり、若いやもめがお節介をして歩き回るなど問題があった（Ⅰテモテ五章）。だから、経済的援助は本当に必要な人に限られていた。

このように、財産の共有は、特殊な状況下での愛の表現であった。しかし、そこから学べるのは、「だれひとりその持ち物を自分のものと言わず……」という、自己主張よりも兄弟姉妹を大切にしたことである。愛は「自分の利益を求めず……」（Ⅰコリント一三5）。それは、「あなたの隣人をあなた自身のように愛せよ」にも通じる。

自分自身のように兄弟姉妹を愛するときに、すべての喜びも悲しみも共有する教会がつくり上げられる（ローマ一二10、15）。

二、福音と主の恵みに生きる（33節）

私たちは、福音のメッセージと主の恵みに生きることによって、心と思いを一つにする教会を築き上げることができる。使徒たちは主イエスの復活の福音を力強く証しし、全教会の上には大きな恵みがあった。彼らは「信じた者の群れ」であり、教会が宣べ伝え、彼らが聴いた福音、主の愛と赦しの福音の恵みに生きていたのである。

ことばを換えれば、彼らは主イエスを信じて聖霊に満たされていたのである。聖霊だけがそのような愛を可能にする。神を愛するところに、本当に隣人を愛する愛が成立する。

三、すべてをささげる愛（34〜37節）

私たちは、主にある友（兄弟姉妹）のためにすべてをささげる愛によって、心と思いを一つにする教会を築き上げることができる。

最初の教会の人々は、自分の持ち物を自分のものと主張せず、不動産まで売って教会に献げた（34〜35節）。その典型的な例がバルナバである（36〜37節）。彼も、多分将来葬ってもらうためにエルサレムに地所を買っていたのだろうが、それを兄弟姉妹の必要のために全部売った。

もちろん私たちの状況は違うが、兄弟姉妹のために犠牲を惜しまない愛は今も教会に必要である。主は私たちのためにいのちを捨ててくださった。この福音に生きるときに、私たちは友のために犠牲を惜しまず愛することができる（Iヨハネ三16〜18）。

もちろん、初代教会も人間の集まりであり、完全ではなかった。アナニヤとサッピラのように（五章）。しかし、不完全でも、聖霊に満たされているなら、主の愛で愛することができる。ともに祈り、ともに喜び、悲しみ、心を一つにして歩む教会でありたい。

——二〇〇九年八月九日　主日礼拝

真実に主に仕える〔偽善への警告〕　使徒五1～11

「そこで、ペテロは彼女に言った。『どうしてあなたがたは心を合わせて、主の御霊を試みたのですか。』」（使徒五9 新改訳三版）

「もし私たちが御霊によって生きるのなら、御霊に導かれて、進もうではありませんか。互いにいどみ合ったり、そねみ合ったりして、虚栄に走ることのないようにしましょう。」

（ガラテヤ五25～26 新改訳三版）

冒頭のみことばを覚えつつ、使徒の働き五章1～11節から学びたい。

四章のバルナバの献げ物は、アナニヤとサッピラの物語の伏線である。彼らは、バルナバのように尊敬されたかったが、土地の代金を全部献げるほどの愛はなかった。そこで代金の一部を残しておいて、全部だと偽って献げた。それをペテロに責められ、彼らは息絶えてしまった。土地を売ってその一部を献げるのは大変な行為である。土地も、その代金も彼らの自由にしてよかった（4節）。彼らの何が悪かったのか。一つは動機が名誉欲、虚栄心だったことである。もう一つは、彼らが人ではなく、聖霊＝神を欺こうとしたことである。

彼らの死をただのショック死だとする者もある。叱責が激しすぎたとペテロを責める見方もある。しかし、この文脈にそういうニュアンスはない。やはり神の刑罰と見なければなるまい（9節参照）。

それにしても、ここまで厳しい刑罰はなぜか。ひとつには、教会草創期に、使徒たちも教会も聖霊も簡単にだませると思われたら、教会が立ちゆかなくなるからであろう。実際、彼らの死の結果、人々は神を恐れ、教会の中に働く御霊を恐れ（5、11節）、そこから伝道が著しく進んだ（12節以下）。教会を確立するために、このような偽善、欺瞞を神は放置しておけなかったのである。

もうひとつは、代々の教会への警告のためであろう。使徒の働き五章2節「その代金の一部を残しておき」は、七十人訳（ギリシア語訳旧約聖書）のヨシュア記七章1節「（アカンは）聖絶のもののいくらかを取った」と同じ表現。ヨシュア記七章同様、警告として書かれたのであろう。

私たちは、真実な心をもって主に仕えたい。それは、①不純な動機を除くことによって、②サタンに満たされないことによって、③聖霊に従うことによって可能である。

一、不純な動機を除く（1節）

真実に神に仕えるためには、まず不純な動機を除くことである。アナニヤとサッピラは、バルナバの記事に続いて書かれているので、自分たちもバルナバのように尊敬されたいと思って真似をしたのであろう。「ところが」は、大きな対照を示している。真似するならその根底にある信仰、愛、献身などを真似る必要があった。アナニヤとサッピラは、名誉欲も物欲も満たそうとして、見た目だけをとり繕う虚栄心からこれを行った。私たちの言動は打算的ではないか。善行は、主への愛、人への愛が動機でなければならず、自分の欲のためであってはならない。

二、サタンに満たされない（＝聖霊に満たされる、3節）

真実に神に仕えるためには、サタンに満たされないことである。「サタンに心を奪われ」は、直訳「サタンに満たされて」。「聖霊に満たされる」と同じ表現である。

そして、彼らは「心を合わせて」この行為を行った（2、9節）。それは、意図的な神への反逆行為である。「サタン」はヘブライ語で敵対者、反逆者の意味。悪魔は神への敵対者だからサタンである。3、4、9節のペテロの叱責にも、彼らが意図的に神に挑戦したことが窺える。サタンに満たされることが、キリストが内に住む者に可能であろうか。アナニヤとサッピラが救われていたかどうか、大きな疑問がある。

私たちも、主の前に真実でありたい。そして、罪があればあるまま御前に出て告白し、悔い改めて、聖霊に満たされたい。自分ではどうにもならない心も、聖霊に明け渡すのである。主のみこころに従いたい心があるなら、主は必ず私たちの心を変えてくださる。

三、聖霊に従う（3、4、9節）

真実に神に仕えるためには、聖霊に従うことである。

アナニヤとサッピラは、「聖霊を欺いて」（3節）、「神を欺いた」（4節）、「主の御霊を試みた」（9節）と言われる。聖霊と神と主イエスの御霊が交換可能に用いられる。聖霊を欺かないということは、聖霊に従うことである。人の評判ではなく、聖霊の示しに従って神に仕えるのである。

たくさんの奉仕や献金は、確かに教会も助かる。人々の信頼も得るかもしれない。しかし、どれほどのことをしているかではなく、誰にお従いしているかが最も問われるところである。聖霊がみことばによって示すところに忠実でありたい。

――二〇〇九年八月十六日　主日礼拝

聖霊の働く教会　使徒五11〜16

「そればかりか、主を信じる者は男も女もますますふえていった。」（五14 新改訳三版）

日本の教会は、将来に向けてさまざまな課題があるが、最大のものは、全体として減少傾向にあることだろう。ワイワイと楽しそうにしていると、若い人は集まると聞いた。しかし、集まった人々がイエス・キリストを信じて救われるかどうかで、その教会の真価が問われる。

五章12〜16節は要約的な記述である（二43〜47、四32〜35参照）。アナニヤとサッピラの事件で、教会内外に恐れが生じた（11節）。そして、使徒たちによって、しるしと不思議が行われた（12節）。そして、人々は教会を尊敬し（13節）、信じる者が増えていった（14節）。15〜16節は、さらに行われたしるしと不思議の状況である。

「ほかの人々は、ひとりもこの交わりに加わろうとしなかった」（13節）と「主を信じる者は……ますますふえていった」（14節）は一見矛盾するように思える。多分、加わろうとしなかったのは「主を信じる者」たちから見た「ほかの人々」であろう。

すでに教会は五千人ほどになっていたが（四4）、さらに信じる者が加わり、しるしと不思議は著しさを増していった。それは、大祭司たちやサドカイ派がねたみに燃えて迫害を始めるほどであった（17節以下）。

初代エルサレム教会は、人々から尊敬され、次々に加わる人があった。何が秘訣だったのだろうか。それは聖霊の働きである。今日も、教会が人々を引きつけ、信者が増えていくことは可能。それは、①聖霊による恐れ、②聖霊によるしるしと不思議、③聖霊による一致によってである。

一、聖霊による恐れ（11、13節）

第一の聖霊の働きは、教会内外に生じた恐れである（11、5節）。

それは、直接には、聖霊を欺こうとしてアナニヤとサッピラが死んだ事件によるものである。しかし、同様の恐れを報告する二43を見ると、イエスを十字架につけた罪を悔い改めるように勧める使徒たちの宣教以外には、これと言った出来事はない。

初代教会には、アナニヤ・サッピラ事件のような多くの奇蹟的出来事があった。しかし、それが無くても恐れは生じる。教会が真実に主に仕え、忠実に福音を宣べ伝えているところに豊かに聖霊が働いて、人々が神の働きを認めざるを得なくなるのである。

一人一人が、また群全体が聖霊に満たされて、聖霊の働きを求めていくときに、人間の力ではない神の力を人々が認めざるを得ないような群れとなれる。それは、努力の及ぶ世界ではない。主イエス・キリストへの信仰を堅くし、聖霊に満たされよう。

二、聖霊によるしるしと不思議（12、15〜16節）

聖霊の働きの第二は、しるしと不思議である。12節にはその要約的記述があり、15〜16節にはその具体的状況が記録されている。

「ペテロの影」（15節）は、主イエスの衣の裾のようなものであり、聖霊（主イエス）の働きの媒体である。ことさらに神秘的に考えたり、ペテロ自身に魔術的な力があるように考えたりしてはなるまい。

「しるし」ということばが示すように、それはイエスが神の子、救い主である証拠としての奇蹟、いわば宣教的な奇蹟である。奇蹟ばかり追い求めている教会もあるが、本当のしるしとはイエスが救い主であるしるしであり、本当の奇蹟とは人が主イエスによって救われることである。

救われた私たちも「しるし」である。教会は、イエスが主であり救い主であることを証し続けたい。そして、多くの人々を信仰告白と救いに導いて、さらにキリストを示したい。聖霊の働きを求め続けたい。そこに聖霊の働きとしての「しるし」は必ず現わされる。

三、聖霊による一致（12節）

聖霊の働きの第三は、「みなが一つ心に」なったことである。つまり、聖霊による一致である。すでに二章46節、四章32節にも、このような一致は言及されている。すべてを分け合い、すべての重荷を負い合うような一致である。世の人々の尊敬が生じる教会には多種多様な人々がいて、一人として同じ人はいない。本当の一致は、キリストにある一致、愛における一致である。それは、キリストの霊である聖霊による。そのような一致は、最も力強い証しとなる（ヨハネ一三34〜35）。

――二〇〇九年九月六日　主日礼拝

主の証し人として生きる〔人に従うより神に〕　使徒五17〜32

「ペテロをはじめ使徒たちは答えて言った。『人に従うより、神に従うべきです。』」（五29 新改訳三版）

証しは、すべてのクリスチャンに与えられた使命である。

初期のエルサレム教会は、めざましく成長した。それは、言うまでもなく聖霊の働きであるが、使徒たちの証しによることも間違いない。

使徒たちの著しいしるしと不思議と教会の成長に、大祭司とその仲間、サドカイ派がねたみに燃えて、使徒たちを捕らえて留置所に入れた（17〜18節）。これは二度目の逮捕である。

彼らは、御使いに解放されると、御使いに命じられたように（20節）、神殿で教え始める（21〜25節）。議会が再び使徒たちを捕らえ、イエスの名によって教えたことを責めると（28節）、ペテロたちは「人に従うより、神に従うべきです」（29節）と答える。

今日の日本でも、あるいはアメリカですら、福音を自由に語れない場合がある。無用に警戒されないため、将来の伝道の機会を確保するためには知恵が必要である。しかし、私たちに人よりも神に従って証しする気がなかったら何も始まらない。私たちは、人に従うより神に従って証しするのである。それは、①それが神の目的だから、②十字架・復活が事実だから、③聖霊が証人だから、である。

一、神の目的（19〜20節）

使徒たちは、ねたみに燃えた大祭司とサドカイ派に捕らえられて、留置所に入れられる（17〜18節）。しかし、夜主の使いが彼らを解放し、さらに「人々にこのいのちのことばを、ことごとく語りなさい」と命じる。この解放は、使徒たちの身の安全のためではない。むしろ、危険な中へと戻って行き、さらに福音を語らせるためであった。

私たち救われた者の人生には、それぞれ神のご目的がある。私たちは、主の目的がある間は地上、主の目的を果たしたら天に帰る。一二章では、使徒ヤコブ（ゼベダイの子）が殉教する。その一方、同じく捕らわれたペテロは、再び主の使いに解放される。主の目的は、時には神秘である。しかし、いずれはこの世を去って主の許に行く。みこころの時に召されると信じ、神の御目的のためにこの地上に生きる者は幸いである。

二、十字架・復活が事実だから（30～32節a）

使徒たちは、イエスの復活を目撃した（32節a）。彼らにとっては、イエスが救い主だと証しないことは、神の前に偽証であった。それは、救われた私たちにとっても同様である（Ⅰペテロ一8～9参照）。事実を事実として語らないわけにはいかない。

神は、よみがえらせたイエスを、救い主として御自身の右に上げられた。神の右に座したということは、再臨の時まで、救い主として人を神にとりなし、救い続けるということである（ヘブル七24～25）。

今日でもイエス・キリストを信じて救われることができるのは、キリストの復活の事実のゆえである。これこそキリスト教の独自性、この事実なしには、キリスト教はただの教え、思想哲学となる。

キリストの十字架復活が事実でなかったら、逃げ散った使徒たちが再び現れ、命がけで伝道することはなかった。迫害者サウロが使徒パウロに変えられることもなかった。そして、今日の私たちが救われることもない。事実は語らないわけにはいかない。

三、聖霊が証人だから（32節）

聖霊が証人であるということは、私たちが証人であることと切り離せない。救われた者の内に宿る聖霊は、私たちの内にあって証しのことばを与える。特に迫害などの緊迫した状況の中で、人の知恵ではなく神の知恵で語らせてくださる（マタイ一〇19～20）。

また、聖霊＝主イエスの御霊が私たちの内に与えられるということは、私たちが主イエスによって救われたことを意味する。聖霊は、私たちの内に聖霊によってなされた救いのわざを通しても語られる。信仰を告白させる聖霊（Ⅰコリント一二3）は、私たちの救われた生活を通しても信仰を告白させる。

そのように証しさせる聖霊は、「神がご自分に従う者たちにお与えになった聖霊」である。私たちが人に従うより神に従う生き方を貫くときに、聖霊は私たちの内に満ち溢れ、私たちを通して力強く証ししてくださる。日本は、キリストを証ししにくいことが多い。しかし、聖霊は機会を与え、適切な行動、適切なことばを教えてくださる。重要なのは、私たちが人に従うより神に従うことを選んでいるかである。神に従うなら、聖霊が私たちとともに証人となってくださる。

――二〇〇九年九月二十七日　主日礼拝

本物である証拠〔ガマリエルの警告〕　使徒五33〜42

「しかし、もし神から出たものならば、あなたがたには彼らを滅ぼすことはできないでしょう。もしかすれば、あなたがたは神に敵対する者になってしまいます。」（五39 新改訳三版）

世の中には、偽物と本物がある。当然、宗教にもある。私たちも、本物の宗教とは……といろいろ考えるが、聖書は何と言っているだろうか。

二度目に逮捕された使徒たちは、留置所から天使に解放され、さらに神殿で福音を宣べ伝えた（17〜25節）。そして、議会に連行されて譴責されても「人に従うより、神に従うべきです」（29節）と、キリストを証しし続ける断固たる態度を示した。本日の箇所、33〜42節では、議会の指導者たちは使徒たちを殺そうとしたが（33節）、パリサイ派の指導者ガマリエルは、議会に注意深く事態を扱うように勧告した（34〜39節）。

ガマリエルはラビ・ヒレルの後継者で、派閥を超えて広く尊敬を集めていた。サウロ（後の使徒パウロ）も、その弟子であった（二二3）。重職を占める祭司たちも無視できず、使徒たちをむち打ってイエスの名によって語ることを禁じ、釈放した（40～41節）。

このガマリエルの穏健なことばの中に、本当に神から出たものと、偽物を区別する証拠が述べられている。そして、もし使徒たちが本物ならば、神に敵対する者になってしまう（39節）。もちろん、ガマリエル言うことがすべてではないし、弟子のサウロは激しく教会を迫害した。それでもなお、ガマリエルのことばの中には真実がある。また、この後の使徒たちの態度や行動にも、迫害の中でこそ明らかになる、本物にしかない特徴が見られる。神に敵対する者とならないよう、キリスト教信仰が真実である証拠をいくつか学びたい。それは、①迫害の中での存続、②迫害の中での喜び、③迫害の中での宣教である。

一、迫害の中での存続（35～39節）

キリストの福音が神から出た本物である証拠は、何世紀にもわたる迫害や試練を経て、なお滅びていないことである。

ガマリエルは、使徒たちを注意深く扱うよう勧告した後、二つの事例を挙げる。チゥダ（36節テウダ：新改訳2017）とガリラヤ人ユダ（37節）である。二つとも政治的メシア運動と呼んでよい。そして二つとも鎮圧され、四散した。

ガマリエルの結論は、神から出たものでないなら自滅する（38節）。神から出たものならば、滅ぼせない（39節）。もし神からのものなら、それに反対するのは神に敵対することである。

キリスト教は、ユダヤやローマ帝国の国家権力にも滅ぼせなかった。イエスの復活の証言と、その福音によって変えられた人生を、誰もくつがえせなかった。ガマリエルの客観的なことばに耳を傾けたい。本物だからなくならない。本物だから信じ抜ける。私たちも信じ抜きたい。

二、迫害の中での喜び（41節）

キリストの福音が神から出た本物である証拠は、迫害されてもなお使徒たちの内にあった喜びである。

この喜びは変わっている。「使徒たちは、御名のためにはずかしめられるに値する者とされたことを」喜んだ。

「御名のためにはずかしめられるに値する者」という表現に注意したい。イエスの十字架を前にして使徒たちは逃げ去った。そんな彼らが、今はキリストのために辱めを受けるにふさわしい者、その価値がある者とみなされた。かつてのつまずきの分、喜びが大きかったのであろう。

「……値する者とされた」は受け身である。かつての裏切り者は、イエスのために辱めを受ける、以前の自分とは違う者に造り変えられた。自分の内にキリストのみわざを見る喜びがあった。それは、復活のキリストとの交わりだけが与える喜びである。

三、迫害の中での宣教（42節）

キリストの福音が神から出た本物である証拠は、使徒たちが迫害や脅しを物ともせず、毎日宣べ伝え続けたことである。

42節は、以前の教会活動と変わらない（二46）。ただ一つ違うのは、迫害による命の危険だけである。その中、使徒たちは公然と神殿で、あるいは家々で、イエスが救い主であると教え続けた。

ガマリエルの警告通り、神から出た本物を持つ使徒たちは、滅びるどころか全くひるむことなく宣教を続け、弟子は増えていった。結局議会の脅しもむち打ちも、何の効果もなかった。

キリスト教は、新約聖書時代の後も、迫害の火をくぐりながら増え続けた。そして、今日私たちは、この日本で、このように日曜日ごとに礼拝している。本物を信じたい。また、信じ抜きたい。

——二〇〇九年十月十一日　主日礼拝

神の務めに励む〔危機を克服する奉仕〕　使徒六1〜7

「そして、私たちは、もっぱら祈りとみことばの奉仕に励むことにします。」
（六4　新改訳三版）

互いに愛し合うことは教会を教会たらしめるものである。従って、愛が試されるとき、教会は最も困難な問題に直面していると言えよう。

二度の逮捕と議会の脅しやむち打ちを耐えた使徒たちと教会。しかし、今度の問題は教会の内側から起こった。ギリシア語を話すユダヤ人のやもめたちへの毎日の配給がなおざりにされていると、「ヘブル語」（ヘブライ語）を話すユダヤ人たちに対する不満の声が上がった（六1）。教会外では、ヘブライ語を話すユダヤ人がギリシア語を話すユダヤ人を見下げていた。それが教会に持ち込まれていたのであろう。これは、使徒たちが教会の世話で忙殺され、みことばの宣教がなおざりにされかねない危機であり、愛の実践である配給がおろそかになる二重の危機であった。

同じく内側の問題、アナニヤとサッピラの事件（五1～11）で聖霊が侮られる危機は解決した。しかしサタンは、再び内側から揺さぶりをかける。これは、教会が内部分裂しかねない問題であった。

使徒たちは、日々の配給を中心とした世話をする七人を選び、その任に当たらせることで、この危機を乗り越えた（3～4節）。つまり、務めの分担と協力体制の確立である。本日は、そこから学びたい。

私たちは、教会として、それぞれの務めを果たして協力していきたい。それは、①それぞれに違った務めが与えられているから、②務めには優劣がないから、③務めはすばらしい結果を生むから、である。

一、違った務めが与えられている（2～4節）

私たちは、それぞれの務めを果たして協力していきたい。それは、それぞれに違った務めが与えられているからである。

エルサレム教会の人々は、乏しい人々の必要を満たすために、献げものを持ってきて使徒たちの足下に置いた。それらを管理したのは使徒たちだったようである（四34〜35）。

しかし、使徒たちには祈りとみことばの奉仕があった。印刷聖書もなく、新約聖書すら書かれていない時代、イエスに直接訓練された人の説教は、他の人では代われない役目であった。

もちろん、「食卓のこと」（2節）も、乏しい人々のための愛の働きで、当然重要。ただ、「神のことばをあと回しにして」行うことがよくない（2節）。そこで、この役目のために七人が選出され、任命された（3、5節）。

使徒には使徒の務めがあり、信徒には信徒の務めがあった。それぞれの務めが十分果たされるところに真の協力があり、愛の実践が可能になった。今日の教会の数々の奉仕も、同じである。

二、務めに優劣はない（1、4、2、3、5節）

私たちは、それぞれの務めを果たして協力していきたい。それは、それらの務めに優劣はないからである。

「配給」（1節）と「（祈りとみことばの）奉仕」（4節）は、ギリシア語ディアコニア。「（食卓のことに）仕える」（2節）は同語源の動詞である。ペテロは、これらの働きに優劣をつけていない。

一方はみことばを教える働き、他方はみことばの説く愛の実践であった。

さらには、「食卓のこと」に携わる人々には高い標準が求められた。つまり、聖霊に満ちた（＝信仰に満ちた）人、知恵に満ちた人、評判の良い人（独りよがりでなく、人々が良いと認めている人）である（3、5節）。ステパノとピリポは力強い説教者でもあった（六8〜七章、八章）。

使徒たちは、祈って七人の上に手を置いた。これは一致の象徴的行為である。つまり、七人の働きが、同じ主にある尊い働きと認め、同労者として任命したのである。アンテオケ教会が、バルナバとパウロに手を置いて宣教旅行に送り出したのと同じである。

このように、使徒の務めにも奉仕者の務めにも優劣はなかった。今日も、牧師の働きのみが尊いのではない。すべての奉仕が神の前に尊い。

三、務めはすばらしい結果を生む（7節）

私たちは、それぞれの務めを果たして協力していきたい。それは、それらの務めがすばらしい結果を生むからである。

その結果は、①神のことばがますます広まった。②弟子の数が非常に増えていった。③多くの祭司たちが次々に信仰に入った（7節）。反対派の人々まで信じるようになったのは、教会が協力して愛を実践したからであり、使徒たちが祈りとみことばの奉仕に専念できたからである。

主を知らない人々も、愛と協力によってみことばを実践する人々の宣教には耳を傾ける。

——二〇〇九年十月十八日　主日礼拝

輝くキリストの証人〔聖霊に満たされたステパノ〕 使徒六8～15

「議会で席に着いていた人々はみな、ステパノに目を注いだ。すると彼の顔は御使いの顔のように見えた。」（六15 新改訳三版）

誰しもキリストを信じるからには、本物のクリスチャンになりたいと思うだろう。**使徒の働き**六章8節以下の最初の殉教者ステパノは本物中の本物、教会の歴史に燦然と輝くキリストの証人である。「証人」（マルトゥス）は、後に殉教者を意味するようになる。

この8～15節は、ステパノの活躍と逮捕を語る。彼はことばにもわざにも力があり、かつその顔も御使いのように輝いている、すべてを兼ね備えたキリストの証人であった。

議会の前でステパノの顔が御使いのように見えたというのは、確信と威厳があり、かつ憎しみや恐怖のない、穏やかな侵し難い雰囲気を持っていたのであろう。しかも、彼の顔が輝いていたのは、議会に引きずって行かれ、虚偽の訴えを受け、冒瀆罪で死刑にするための尋問を受けるその時であった。彼は、命まで脅かす厳しい反対のさなかで輝いていた。

ステパノが議論をした「リベルテンの会堂」とは、各地の解放奴隷とその子孫たちの会堂で、キリキヤ出身の者たちもいた（9節）。キリキヤ出身のサウロ（パウロ）も、そこにいたかもしれない。少なくともサウロは議会にいた。御使いのように見えたステパノは、強く青年サウロの心に残ったに違いない。ステパノは、パウロほどの人の人生を変えてしまう輝きを放っていたのである。

私たちも、ステパノのような輝きを放つキリストの証人となることができる。それは、①恵みによって（8節）、②力によって（8節）、③知恵によって（10節）、④聖霊によって（10節）である。

一、恵みによって（8節）

ステパノは、恵みと力とに満ちていた。恵みとは、神の好意、特にイエス・キリストにおいて罪人を救う神の愛である。ステパノは、いかに大きな恵みによって自分の罪が赦され、きよめられたかを知っていた。

ステパノは、恵みに溢れていたから力があった。癒やしの奇蹟や、やもめの世話などは、恵みに溢れて心から同情できる人ができる。

二、力によって（8節）

ステパノは、恵みとともに、力にも満ちていた。

「恵みと力」と言われるからには、両者には関係があると思われる。「しるしと不思議」とは、「しるし」ということばが示すように、イエス・キリストが救い主である証拠としての奇蹟である。それは、ただの力ではない。主イエスの恵みによる力である。ステパノには、イエス・キリストこそ救い主だと示す恵みの力があった。

現代は、多分使徒時代のような奇蹟は少ないであろう。しかし、キリストに救われて、現代の奇蹟とも言える人生を歩む人々がいる。あるいは、神の助けによって、なし得ないようなことを成し遂げる人もいる。野心だけでは、そのような働きはできない。キリストの恵みにより、神と人を愛した結果、すばらしいことが成し遂げられるのである。

三、知恵によって（10節）

ステパノは知恵と御霊によって語っていたので、誰も彼に対抗できなかった。先述のように、サウロ（パウロ）は生まれながらのローマ市民であるが（二二28）、リベルテンの会堂に属していたかもしれない。キリキヤがここで特筆されるのは、その暗示かもしれない。ならば、優秀な青年サウロですら、ステパノの知恵に対抗できなかったことになる。

「知恵と御霊によって語っていた」とは、御霊による知恵で語っていたということ。キリストを最も雄弁に証しできるのは、聖霊に満たされている人である。その人の知恵のうちに、またその人の人格そのもののうちに、誰も否定できない事実が示されている。

四、御霊によって（10節）

ステパノは、知恵と御霊によって語っていた。聖霊に満たされていることは、輝くキリストの証人の資質のすべての源である。

「聖霊に満たされる」ことを、ことさらに神秘的、感情的に理解する必要はない。5節には「信仰と聖霊に満ちた人ステパノ」と言われる。「イエス・キリストこそ主」という信仰に溢れているとき、その人は聖霊に満ちている。「こうしてキリストが、あなたがたの信仰によって、あなたがたの心のうちに住んでいてくださいますように。」（エペソ三17　新改訳三版）

キリストの証人とするのは、キリストの御霊である。信仰によってステパノを満たした御霊は、私たちをも満たしてくださる。

――二〇〇九年十一月一日　主日礼拝

聖霊に聞き従う〔ステパノの説教〕　使徒七1～53

「かたくなで、心と耳とに割礼を受けていない人たち。あなたがたは、父祖たちと同様に、いつも聖霊に逆らっているのです。」（使徒七51 新改訳三版）

「ですから、聖霊が言われるとおりです。『きょう、もし御声を聞くならば、荒野での試みの日に御怒りを引き起こしたときのように、心をかたくなにしてはならない。』」

（ヘブル三7～8 新改訳三版）

本日はステパノの議会での弁論（使徒七1～53）からメッセージを受け取りたい。その結論は、「あなたがたは……いつも聖霊に逆らっている」（51節）であった。それは、「聖霊の御声に聞き従って、イエスを信じなさい」という迫りであろう。冒頭にヘブル人への手紙三章7～8節を掲げた所以である。

この箇所は「ステパノの弁明」と呼ばれるが、無罪の主張ではなく、むしろ彼を裁く人々の罪を示し、悔い改めを迫る説教である。ステパノは確信に満ち、御使いの顔のように見えた（六15）。しかしそれは、高みからの断罪ではない。「兄弟たち、父たちよ」（2節）と、親愛と敬意をもって語り、悔い改めに導こうとしていた。

ステパノの長い説教は、おおよそ以下のように分解できる。①アブラハムの信仰（イスラエルの始まり、2〜8節）、②族長たち（ヤコブからヨセフまで、9〜16節）、③民に拒まれたモーセが遣わされる（17〜35節）、④モーセの働きと民の不従順（36〜43節）、⑤幕屋から神殿へ（手で造った家には住まない神、44〜50節）、⑥結論、イスラエルは神に逆らい、預言者たちを殺し、キリストを殺した（51〜53節）。

ステパノの主張の要点は、①神は神殿に限定されるお方ではない（48〜50節）、②イスラエルはいつも神に逆らってきた（51〜53節）、③イスラエルは、神が遣わされた人たちを拒み、ついにはキリストを拒んで殺した（52節）、ということである。

私たちは、聖霊に逆らわず、イエス・キリストを信じる必要がある。それは、①神は全世界で礼拝されるお方だから、②すべての人が神に逆らった罪人だから、③キリストは神が遣わされた正しい方だからである。

一、神は全世界で礼拝されるお方

ステパノの論点は、神殿に固執するユダヤ人に対して、神は手で造った家にはお住みにならない、どこででも礼拝され、信じられるべきお方だ、ということであった（48節）。それは、イザヤ書六六章1〜2節を引用して主張された（49〜50節）。ステパノは、すでに神がアブラハムに現れたのはメソポタミヤであること（2節）、荒野の幕屋での礼拝にも言及している（44〜45節）。だから、アブラハムのごとくに、イスラエルは本来すべての国民にまことの神とその祝福を持って、信仰をもって出かけていくはずのものであった。

すべての国民はイエス・キリストを信じて救われ、エルサレムでもなく、サマリヤでもなく、どこででも、霊とまことをもって、信仰によって父を礼拝する必要がある（ヨハネ四21以下）。

二、すべての人は罪人

次のステパノの論点は、イスラエルはいつも神に逆らってきたということであった（51、53節）。イスラエルは、律法を受けて神の民として出発した直後から偶像礼拝をして神に逆らってきた

（38〜43節）。

しかし、神に選ばれ、律法を与えられた民ですら神に従えなかったことから、私たちは、人類すべてに共通する神に逆らう罪深い不信仰な性質に気付かされる。他人事ではない。

人は皆救い主イエス・キリストを必要としている。それは、すでに信じている者も同様である。いや、信じている者こそ、より深く罪深さに気付き、キリストの十字架を見上げ続けるのではないだろうか。

三、キリストは神が遣わされた正しい方＝救い主

ステパノの論点は、最後に、イスラエルはキリストを預言する人々を殺し、ついにはキリストを殺したということであった（52節）。

これまでにも、それはほのめかされている。ヨセフの兄弟たちはヨセフをねたんだ（9節）。パリサイ人、サドカイ人も、イエスをねたみによって十字架につけた（マルコ一五10、マタイ二七18）。

イスラエルは、民を助けようと立ち上がったモーセを拒んだ（25〜28節）。しかし、神はそのモーセを遣わした（35節）。そのモーセはイエスを預言した（37節）。預言者たちもイエスを預言した。しかし、モーセに逆らい、預言者たちを殺した民の子孫は、イエスを殺した。

確かにイスラエルは、直接イエスに手を下したが、私たちもユダヤ人たち同様、罪人である。私たちは皆、主を十字架につけたのである。

私たちの罪のために、神はキリストをお遣わしくださり、十字架につけてくださった。その愛にどう答えるか。聖霊の御声を聞いたなら、心をかたくなにせず、すぐに応じたい。

——二〇〇九年十一月十五日　主日礼拝

証し人への報酬〔ステパノの殉教〕　使徒七54〜60

「しかし、聖霊に満たされていたステパノは、天を見つめ、神の栄光と、神の右に立っておられるイエスとを見て、こう言った。『見なさい。天が開けて、人の子が神の右に立っておられるのが見えます。』」（七55〜56 新改訳三版）

「殉教者の血は教会の種子である」（テルトゥリアヌス）。初期の教会は殉教者たちによって前進してきた。パウロ、ペテロ、使徒たち……。それらの栄誉ある殉教者たちの最初に列するのが、このステパノである。

もちろん、死ねばよいわけではない。「殉教者」（マルトゥス）というギリシア語は、元々は「証人」という意味。命をかけ、人生を傾けて信仰を守り抜き、キリストを証しすることが尊いのである。

七人の世話役の筆頭として選ばれたステパノ。聖霊に満ちた人として登場し（六3、5）、御霊によって語る力強いキリストの証人であったが、その最期の時にも聖霊に満たされ、彼を殺そうと殺到する迫害者たちでなく、主イエスのみを見つめていた（55～56節）。彼は、生涯聖霊に満たされたキリストの証人だった。聖霊こそ、彼の証しの生涯の秘訣である。その生涯は、人間的には殺されて終わったように見えるが、神の目から見ると多くの結果を生んだ。証し人への名誉ある報酬とも言えよう。

私たちは、もう最初の殉教者になる特権はない。今の日本では、殉教する機会すら多分ない。しかし聖霊に満たされて、与えられた人生のすべてを傾けて主を証しする機会は平等にある。私たちも、聖霊に満たされて、私たちの命を用いてキリストを証しすることができる。そこに、神の報酬があるからである。それは、①キリストに似た人格、②証しから生み出される人々、③天でのキリストの歓迎、である。

一、キリストに似た人格（59～60節）

証し人への報酬は、第一にキリストに似た人格である。

ステパノの最期の祈りは、主イエスの十字架上の祈りと似ている。59節の祈りは「父よ。わが霊を御手にゆだねます」（ルカ二三46）に、60節の祈りは「父よ。彼らをお赦しください」（ルカ二三34、写本上の問題はあるが……）に似ている。いずれもルカ福音書の記述。多分ルカは、それに気付いて意識的にステパノの祈りを記録したのではあるまいか。

死の間際に、自分を殺すその人たちのために祈るのは、内側にキリストのかたちが完成した姿である。聖霊に満たされてキリストを見つめ続け、証しし続けた人への報酬は、キリストに似た人格である。このような証しは、彼のいかなる弁説より、奇蹟より、力強く語る。

二、証しから生み出される人々（58節）

証し人への報酬は、第二に証しから生み出される人々である。

そこには、後の使徒パウロとなる青年サウロがいた。サウロは、ステパノの最期を後々まで忘れなかった（二二20参照）。そして、それを振りはらうかのように、激しく迫害した（八1～5、九1～2）。そして、ついにキリストに捕らえられるのである（九3以下）。

サウロの救い以外にもステパノの証しが生み出したものがある。それは、サマリヤ伝道（八章）、そして、世界宣教の拠点となるアンテオケ教会である（一一19以下）。「地の果てにまで……」（一8）という主のみことばは、まさにステパノの殉教から実現へと大きく動き出していく。たった一人の殉教だが、その結果は、評価しきれないほど大きい。

私たちには、ステパノの歴史的位置に立つ特権はない。しかし、小さい者の証しを通して大きなことをしてくださる主は同じである。そこから何を主が起こしてくださるか、信頼して期待したい。

三、天でのキリストの歓迎（55～56節）

証し人への報酬は、第三に天におけるキリストの歓迎である。

イエス・キリストは、使徒信条で「全能の父なる神の右に座したまえり」と告白される（詩篇一一〇1、マタイ二二44、使徒二33～35、ローマ八34、エペソ一20、コロサイ三1、ヘブル一13、一〇12～13等々）。ところが、ステパノが見た主イエスは、神の右に立っておられた。最初の殉教者を、主は立ち上がって迎え入れてくださったのである。

すべての信じる者を主は御国に入れてくださる（ルカ二三42～43）。しかし、主のために命を投げ出した人々には、さらに大きな光栄がある。

ステパノ（ステファノス）という名前は、「冠」という意味である。最初の殉教者の生涯にふさわしい。しかし、殉教する、しないに拘らず、信仰を守り抜き、生涯を注ぎ込んでキリストを証しする人には、同じ栄光の冠が与えられる（Ⅱテモテ四7～8）。私たちも、最後の栄冠をめざして、主を証しするために、命を、人生を用いたい。

——二〇〇九年十一月二十九日　主日礼拝

人を造り変える福音〔ピリポのサマリヤ伝道〕　使徒八1～13

「他方、散らされた人たちは、みことばを宣べながら、巡り歩いた。ピリポはサマリヤの町に下って行き、人々にキリストを宣べ伝えた。……それでその町に大きな喜びが起こった。」

（八4～5、8 新改訳三版）

使用前・使用後を示し、正しい用法でないと十分な効果がないと言う広告がある。イエス・キリストの福音も同様である。その正しい用法は、唯一まことの創造主なる神の前に罪人であることを認め、悔い改めて主イエスを自分の救い主として信じること（信じてバプテスマを受けること）である。

八章では、ステパノの処刑を機に教会への激しい迫害が起こった（1節）。「使徒たち以外の者はみな、ユダヤとサマリヤの諸地方に散らされた」とあり、直接の迫害は、より挑戦的なステパノを代表とするギリシア語を話すユダヤ人の信者たちに向けられた。ピリポもあの七人（六5）

の一人であった。

しかし、迫害は彼らの宣教を止められなかった。散らされた人たちは、みことばを宣べながら巡り歩き、ピリポはサマリヤに行って伝道した（4〜5節）。これは使徒の働き一章8節の成就であり、福音拡大の特筆すべき出来事だった。サマリヤの人々は福音を聞いて信じ、大きな喜びがあった（8節、12節）。

ここに登場する人々は、福音によって変えられつつあった人＝サウロ、変えられた人々＝迫害で散らされた人々・ピリポとサマリヤの人々、変えられなかった人＝魔術師シモンの三つに分けられる。サウロはステパノから大きな衝撃を受けたと思われるが、九章でサウロの回心を扱う時に戻ってきたい。

福音は、信仰によって受け止めるときに、人を変える力がある。本日は、福音によって変えられた人々と、変えられなかったシモンを比較し、福音の受け止め方を考えたい。

一、変えられた人々（4〜5、8、12節）

イエス・キリストの福音によって変えられた人々は、サマリヤに伝道したピリポと、彼の伝道を受けたサマリヤの町の人々である。

サマリヤの人々は、大きな喜びを持った（8節）。そして、信じてバプテスマを受けた（12節）。彼らのほとんどの者は、かつて魔術師シモンを礼賛していた（10節）。それは、長い間彼の魔術に驚かされていたからであった（11、9節）。そのような彼らが本当の喜びを持つことができたのは、ピリポの行う「しるし」にシモンの魔術以上に驚いただけでなく、ピリポが宣べ伝える福音を信じたからである（12節）。ピリポも、当然福音を信じて救われていた。

ピリポはギリシア名で、ギリシア語を話すユダヤ人であった。もちろんイエスの地上の生涯を知る弟子ではなく、初代教会の宣教を受けて信じた。そして聖霊に満たされていて、七人の世話役に選ばれた（六5）。ピリポは、迫害によって散らされてもなお福音を宣べ伝えながら巡り歩いた（4～5節）。彼は、奇蹟は福音を証明する「しるし」であることを熟知していて、引き寄せられた人々にキリストの福音を宣べ伝えた。

彼が第二世代のクリスチャンであったことは、今日の私たちでも信仰によって変えられ、聖霊に満たされた信仰者になれることを示している。キリストを心から信じるなら、罪赦され、聖霊に満たされ、大きな喜びに満たされ、どんな逆境にも負けない永遠の勝利を持ったキリスト者になれる。

二、変えられなかった人（9～11、13、18～23節）

喜びに溢れて信じたサマリヤ人たちと対照的なのが、魔術師シモンである。この人は、ついに変えられなかった（18～23節参照）。

このシモンは魔術を使い、自分は偉大な者だと自称していた（9節）。彼も一応信じてバプテスマを受けた（13節）が、ピリポの行う奇蹟に驚いただけだったようである。サマリヤの人々は、しるしが指し示す福音、イエス・キリストを信じた。しかし、シモンはしるしだけを追い求めた。

ペテロとヨハネによって人々の上に聖霊が降った時も、自分も同じ力が持てるようにと金を積んで叱責されている（18～23節）。それでもシモンは、悔い改めて罪の赦しを求めることなく、災いの回避だけを求める（24節）。要するに、シモンは力が欲しかっただけだったので変えられなかったのである。

罪赦され、救われた結果であるはずの祝福ばかりを求める御利益信仰ではいけない。主の荒野の誘惑のように、神よりも自分の栄華を求める誘惑はいつでもある。ピリポやサマリヤの人々のように本当の救いに生かされて、どんな逆境にも負けないで本当の救いを伝える者でありたい。

――二〇一〇年一月三十一日　主日礼拝

正しく救われる〔サマリヤ人に降る聖霊〕　使徒八14～25

「ふたりが彼らの上に手を置くと、彼らは聖霊を受けた。」（使徒八17 新改訳三版）
「聖霊は私たちが御国を受け継ぐことの保証です。これは神の民の贖いのためであり、神の栄光がほめたたえられるためです。」（エペソ一14 新改訳三版）

人の救いや信仰生活において、聖霊の働きは欠かせない。それは、使徒八章におけるサマリヤ人の救いにおいても同様であった。

イエス・キリストを信じてバプテスマを受ける人々には、聖霊を受けることが約束されていた（二38）。しかし、サマリヤ人の場合は、信じてバプテスマを受けて多分数日後、エルサレムから来たペテロとヨハネが祈って按手した時に聖霊が降った（15～17節）。

大きな喜びに満たされ（8節）、バプテスマを受けた（12節）人々に全く聖霊が働いてなかったとは思えない。多分、ペテロとヨハネの祈りと按手で初めて聖霊が臨在を明らかにしたのであろう。特異な事例であるが、その特異さのゆえに聖霊の働きの意味がよく現われているとも言える。それを理解する大きな鍵は、使徒たちの按手（一体化の象徴的行為）と、他の場合との比較である。サマリヤでの聖霊の働きから学び、そのような聖霊の働きを受けて、正しく救われることを学びたい。

一、救いを保証する聖霊

聖霊は、救いを保証する（冒頭エペソ一14、Ⅰコリント一二3、ローマ八15～16）。キリストの御霊を持たない者は、キリストのものではない（ローマ八9）。エルサレムから来た使徒たちの按手により、エルサレム教会の人々と同じ聖霊が与えられた。それは、サマリヤの人々にも同じ救いが与えられたことを意味する。彼らはキリストを信じたが、神も彼らを御自身のものとしてくださったことが明らかになったのである。

魔術師シモンが聖霊の力を金で買おうとしたので（18～19節）、明らかな聖霊のしるしがあったのは間違いない。ペンテコステの日のような異言や預言と思われる（二4、一〇46、一九6）。

新約聖書は、キリストへの信仰によって聖霊が与えられることを明言する。そして、みことば以上に確かな保証はない。不思議な現象ばかり追求するなら、魔術師シモンと同じで、そこに救いはない。

もちろんいつの時代でも、愛、喜び、平安……という御霊の実は結ばれる。みことばに保証されて自覚的に聖霊を宿し、満たされ、造り変えられ、確かな救いを生きる者でありたい。

二、教会に結びつける聖霊

聖霊は、信じた者を教会に結びつける。按手は一体化の象徴的行為である。エルサレム教会を代表するペテロとヨハネ（14節）の按手と聖霊降下により、サマリヤの人々は、エルサレム教会と同じく、主の教会に属する者として認証されたのである。

新約聖書のない時代、エルサレム教会とのつながりは、その信仰が主イエスにつながっていることを保証した。パウロも、自身が使徒でありながらエルサレム教会との関わりを保ち、異邦人教会をもエルサレム教会との交わりへと導いている。

もちろん今は、聖書によって正統的な信仰は保てる。だから、すべての教会が直接的な交わりを持つ必要はない。しかしながら、すべてのキリスト者は一つのキリストのからだに属する。救われて聖霊を受けたはずの人が、教会と無関係に生きることはあり得ない。聖霊は、教会という形で、本来敵対するはずの人々さえもキリストにおいて一つにする。

三、自由に働かれる聖霊

聖霊は、御自身の目的に従って、自由に、最善の方法で働かれる。

ローマの百人隊長コルネリオたちの場合は、福音を聴いている間に信じて（一五7〜9）聖霊を受けた（一〇44〜46）。それで、ペテロが急遽バプテスマを命じる（一〇46〜48）。ペテロたちユダヤ人信者にすれば、ローマ人の救いを見るのは初めてで、まず聖霊が明らかなしるしを見せなければバプテスマを授けることは難しかったろう。

サマリヤの信者たちの場合はどうか。サマリヤ人は、北王国の十部族がアッシリヤに連れ去られ（前七二二年）、他から植民された民族で、ユダヤ教の神を変則的に信じ、ユダヤ人と長く反目する異端的信者だった。救いはユダヤ人から、旧約に約束された救い主から来る（ヨハネ四22）。だからサマリヤ人たちがその救いの流れに連なることが明らかになるように、外国生まれのピリポではなく、エルサレムの使徒たちを通して聖霊が降ったのである。

「風はその思いのままに吹く」（ヨハネ三8）。聖霊は、御自身の計画と目的に従って、最善の時に最善の方法で人を救い、人を満たす。聖霊が働かれるとき、私たちはすぐに受け入れる者でありたい。

——二〇一〇年二月十四日　主日礼拝

用いられる人ピリポ〔そこは荒野なり〕　使徒八26〜40

「ところが、主の使いがピリポに向かってこう言った。『立って南へ行き、エルサレムからガザに下る道に出なさい。』（このガザは今、荒れ果てている。）」（八26 新改訳三版）

年度末は人事異動の時期でもある。会社はもちろん、教会でも人事は希望通りにいかないことが多い。ピリポも似たような境遇だったと言える。

リバイバルのサマリヤから、ピリポは突如主の使いに「エルサレムからガザに下る道に出なさい」と命じられる。「このガザは今、荒れ果てている」は意訳で、「そこは荒野なり」（文語訳）が直訳に近い。成功した場から移され続けたピリポの導きを象徴するような一句である。

ピリポはその荒野でエチオピヤの女王カンダケ（女王の称号）の高官である宦官に出会う。彼はエルサレムで礼拝して国に帰る途上。ピリポは彼に伝道、宦官は信じてバプテスマを受け、ピリポは主の霊に連れ去られて地中海沿岸のアゾトに現われ、海岸に沿って北上し、カイザリヤに至った。

ピリポは成功に安住することを許されなかった。しかし、サマリヤ人、エチオピヤ人と、ペテロやパウロに先立って次々に異民族に福音をもたらした。片隅に追いやられたようなところで画期的に福音を前進させた人、それがピリポであった。主が福音のために用いられるのは、どのような人であろうか。

一、聖霊の導きに従順な人（26、29、39節）

主が福音のために用いる人とは、聖霊の導きに従順な人である。

彼を動かしたのは聖霊である。「主の使い」（26節）、「聖霊」（29節）、「主の霊」（39節）と言われるが、「主の使い」は主の臨在を示す存在である。ピリポは聖霊の示す通りに行動したのである。

ここまでのピリポへの導きは、逆転の連続である。七人の世話役に選ばれたら迫害で散らされ、サマリヤ伝道で成功したらペテロとヨハネに主役を奪われ、彼らが去った後は荒野へと導かれる。そこでエチオピヤの最高権力者である女王（王は政治をしなかった）の財産を管理する高官が救われても、すぐに主の霊に取り去られる。二転三転の導きの中、ピリポはいつも聖霊の導きにすぐに従った。だから、主は彼を大きくお用いになることができた。動くもとどまるも、肝要なのは聖霊の導きに従順であることである。

二、聖書から宣べ伝える人（30～35節）

主が福音のために用いる人とは、聖書から宣べ伝える人である。

ピリポが出会った宦官は、エルサレムで礼拝するほど熱心に神を信じ、帰りの馬車でもイザヤ書を読んでいた（27～28節）。律法は去勢した男子が主の集会に加わることを禁じたが（申命記二三1）、イザヤ書五六章は主を愛して契約を堅く保つ宦官や外国人に救いを約束する（彼はイザヤ書を愛読していた?）。当時は手書きで高価だった聖書を入手して読むとは、並みの求道心ではない。聖霊は、必ず救いを求めている人へと導く。

ピリポは馬車に近づき（29節）、イザヤ書を朗読する声を聞き（当時の読書は音読）、「読んでいることがわかりますか」と問いかける（30節）。宦官は導きを求めてピリポを馬車へと招き入れる（31節）。彼が読んでいたイザヤ書五三章7～9節（七十人訳＝ギリシア語訳）はキリストの受難の預言（32～33節）。ピリポはそのみことばからキリストを伝えた（35節）。ピリポはこの伝道に適役であった。彼はギリシア語を話した。きっかけを逃さず捕える知恵とスピリットがあった。そして何より、みことばを即座に説き明かして信仰へと導いた。

この宦官は確かに救われた。自らバプテスマを希望し（36節）、ピリポが突然去っても「喜びながら帰って行った」。みことばに根差した伝道の実である。

三、常に宣べ伝える人（40節）

主が福音のために用いる人とは、常に宣べ伝える人である。

サマリヤから取り去られ、エチオピヤの高官からも取り去られたピリポは、アゾトに現れ、すべての町々で宣べ伝えながらカイザリヤに至る。不平もこぼさず宣べ伝え続けたのである。こういう人だから用いられた。

後に、エルサレムに旅するパウロがカイザリヤに着き、ピリポの家に滞在する（使徒二一8〜9）。彼は「伝道者ピリポ」と呼ばれ、預言する四人の未婚の娘がいた。主は、良い働きをしては移され、宣べ伝え続けたこの人を豊かに祝福された。不遇な荒野のような場であっても、神が導かれた場こそが、あなたの尊く用いられる場である。「そこは荒野なり」。

――二〇一〇年二月二十八日　主日礼拝

キリストとの出会い〔サウロの回心〕　使徒九1〜9

「彼が、『主よ。あなたはどなたですか』と言うと、お答えがあった。『わたしは、あなたが迫害しているイエスである。』」（九5 新改訳三版）

神はすべての人を愛し、救われることを望んでおられる。しかし、キリスト教に大反対の人がいると、私たちはその救いを期待しないのではないか。

この九章は、サウロ（後のパウロ）の一連の回心体験を記している。その中でも、今日は1〜9節のキリストとの出会いから学ぶ。

これは、歴史を変える出来事であった。サウロの回心とその後の一連の出来事が終わった後、福音が新しい展開を見せるときの要約的記述が現われる(31節。六7、一一21等参照)。ここから学べるのは、何より、主イエスはどんな人でも救うことがおできになる、ということである。

たとえキリスト教に反対する人でも、キリストと出会って救われることができる。それは、①

証し人を備えるキリストによって、②自らを現わされるキリストによって、③罪を赦されるキリストによってである。

一、証し人を備えるキリストによって

私たちが救われるのは、キリストの証し人を備えるキリストによる。

サウロにキリストを示した最初の証人はステパノである。サウロはステパノの殉教を目撃した（七58）。ステパノのイエスへの信仰と迫害者を赦す愛は、衝撃だったに違いない（七59〜60）。後日パウロが暴徒たちに語った証しで、ステパノ殺害に触れる（二二20）。生涯忘れられなかったのである。サウロは、ステパノ殺害に賛成していた（八1）。そして、激しく教会を迫害するようになる（八3）。さらに主の弟子たちに対する脅かしと殺害の意に燃えて、ダマスコに行く（九1〜2）。ステパノから受けた衝撃に抵抗していたのであろう。

キリストに出会ったサウロを導いたのは、この後に出て来るアナニヤである（詳細は次回）。サウロにバプテスマを授け、教会へと受け入れたのは彼である。ついでに言えば、バルナバもパウロの恩人である。この三人なしに、後のパウロはない。

主は、迫害するサウロに、「なぜわたしを迫害するのか」と言われた（4節）。キリストと教会

はひとつである。主は、御自身のからだなる教会＝証人たちを通して、力強く働いておられる。

二、自らを現わされるキリストによって

私たちが救われるのは、自らを現わしてくださるキリストによる。

確かにサウロはステパノに衝撃を受けたが、かえってもっと激しく迫害するようになり、国外まで迫害旅行をしようとした（1～2節）。そのようなサウロが救われたのは、キリストが、御自身を現わしてくださったことによる。

当時のユダヤ教は、教義も宗教システムも整い、律法だけでも十分救いはあった。優秀なユダヤ教学者サウロにとって、イエスがキリストだなどということは冒瀆《ぼうとく》に過ぎなかった。サウロが救われるためには、恐らくキリストの顕現以外の方法はなかったであろう。

今日キリストを知るためには、聖書を読み、求める必要がある。しかし、キリスト御自身が聖霊によって現われてこそ、私たちは信じることができる。「聖霊によるのでなければ、だれも、『イエスは主です』と言うことはできません」（Ⅰコリント一二3 新改訳三版）。

三、罪を赦されるキリストによって

私たちが救われるのは、罪を赦されるキリストによってである。主は御自身を現わされただけで、サウロの罪を直接責めることばは見当たらない。二二章と二六章のパウロの証しでも、主は責めることばを語っていない。赦し、救うために、主はサウロに現われたのである。

もちろん、サウロは罪を悔い改めたであろう。目が見えなくなって町に入ったサウロは、祈っていた（11節）。罪を悔い、赦しを乞うていたのであろう。彼は、教会を迫害したことと、その罪が赦された恵みをいつまでも忘れない（Iコリント一五8～9、ピリピ三6、Iテモテ一13～16。エペソ三8も参照）。

言うまでもなく、赦しの根拠は十字架である。主は私たちを愛し、私たちのすべての罪を負って十字架にかかられた。そして御自身を示し、罪を示し、悔い改めに導き、救ってくださる。パウロは言う。「私を愛し私のためにご自身をお捨てになった神の御子……」（ガラテヤ二20b 新改訳三版）。主の迫りを心に受けたら、サウロのように信じ、恵みを余すところなく受ける者でありたい。

――二〇一〇年三月十四日　主日礼拝

主に遣わされる人〔アナニヤとサウロ〕　使徒九10〜22

「しかし、主はこう言われた。『行きなさい。あの人はわたしの名を、異邦人、王たち、イスラエルの子孫の前に運ぶ、わたしの選びの器です。』」（九15 新改訳三版）

新年度を迎えた。新しいビジョンを持ち、主の使命へと遣わされ、用いられたい。

サウロはキリストに出会った（1〜9節）。そしてバプテスマを受け、聖霊に満たされ、ダマスコの教会に受け入れられ、ただちに主の働きを開始する（10〜22節）。

回心後のサウロの導きに用いられたのは、ダマスコの信者アナニヤであった。彼なしに教会の伝道者としてのパウロは生まれなかった。アナニヤは、新約聖書でこの場面にしか登場しないが（二二章のパウロの証しも同場面）、主に遣わされて世界の歴史を変える働きをした。

サウロも、アナニヤと同じく主に遣わされた人であった。彼も、主から与えられた使命に忠実に、ただちにイエス・キリストを宣べ伝え始め、やがて世界をひっくり返す働きを始めた。

アナニヤも、サウロも、主に遣わされ、用いられた人であった。その秘訣は何だったのだろうか。

一、主との交わり（10〜11節）

第一の秘訣は、主との交わりである。

アナニヤは、幻の中で主の声を聞いた。アナニヤについて、後のパウロは「律法を重んじる敬虔な人で、そこに住むユダヤ人全体の間で評判の良いアナニヤという人」と言う（二二12）。アナニヤは、普段からみことばに親しみ、主のお声を聴いていた。しかも、彼の神に対する敬虔な姿勢は、「そこに住むユダヤ人全体」が認めていた。こういう人だからこそ、主のお声が聞こえ、主に遣わされたのである。

サウロも、祈っていた。主の教会を迫害した罪を悔い改め、しなければならないこと（6節）を求めて祈っていたのであろう。二つの主との交わりが一つにされた。それがアナニヤとサウロの出会いである。

「伝えたい」という思いは、日々の主との深い交わりから培われる。

二、主への従順（13〜17、6、20節）

第二の秘訣は、主への従順である。

アナニヤは、主からサウロのところに行くように命じられる（11〜12節）。しかしアナニヤは、サウロが迫害者であり、ダマスコにも迫害のために来たことを述べて抗弁する（13〜14節）。しかし、主がサウロの選びを告げ、再び命じると、従った（15〜16節）。ひとつ間違ったら捕らえられ、殺される恐れがあっても、従った。

サウロも主に出会い、告げられた使命に従順に従う（15節）。ただちにキリストを宣べ伝え始め（20節）、命を狙われるほどになる（23〜25節）。

私たち救われた者には、皆主の証人となるという目的がある。できることは一人一人違うが、主の使命に従順であるかどうかが問われている。

三、主にある愛（17節）

第三の秘訣は、主にある愛である。

アナニヤは、この迫害者に手を置き、「兄弟サウロ」と呼ぶ。手を置くのは、一体であることの表明。「兄弟」は、神の家族と認めた呼び方。サウロは、最近までキリスト者を迫害していて、牢に入れたりむち打ったり（二二19）、ステパノやその他の人々の死刑にも賛成した（二二20、二六10～11）。赦せない思いを持って当然である。

また、サウロは恐れられていた。エルサレムの使徒たちでさえ、サウロを恐れて会おうとはしなかった（26節）。アナニヤがしたことは、大きな信仰と愛が必要な、大変なことだったのである。

主は、十字架上で「父よ。彼らをお赦しください」と祈られた。私たちは皆罪人、主の敵だった。しかし、主に愛され、赦された。主の愛に満たされるとき、私たちはすべての人を受け入れ、愛することができる。

四、主からのメッセージ（15～16、6節）

第四の秘訣は、伝えるべきメッセージを頂いていることである。

アナニヤの伝えたメッセージは、主がサウロにお告げになる彼の使命（召命）であった（6節、15～16節）。

サウロも、主からメッセージを与えられた。それは、イエスの御名（15節）、「イエスは神の子である」というメッセージである（20節）。

救われた者は、誰でも「イエス・キリストは神の子、救い主」というメッセージを持っている。私たちも主の選びの器である。主に遣わされて、尊い救いを愛といのちに溢れて伝える者でありたい。

——二〇一〇年四月十一日　主日礼拝

宣教者をつくるもの〔サウロの初期宣教〕　使徒九19b～30

「しかしサウロはますます力を増し、イエスがキリストであることを証明して、ダマスコに住むユダヤ人たちをうろたえさせた。」（九22 新改訳三版）

教会の主な働きの一つは宣教である。キリストによって救われた者は、このお方を多くの人に伝えたいと願うであろう。そこで、回心直後から力強く伝道したサウロに学びたい（使徒九19b～30）。

サウロは、回心後ただちに宣教を開始する（20節）。ガラテヤ一章15～17節によれば、彼は回心後すぐにアラビヤに赴き、それからダマスコに戻った。アラビヤとは、多分ダマスコ付近まで勢力を広げていたナバテヤ王国の領域で、ダマスコから遠くない場所であろう。

サウロの力強い宣教にユダヤ人たちはうろたえ（22節）、サウロを殺す相談をした（23節）。サウロには早くも弟子たちがいて、彼らに夜中に城壁からつり降ろされてダマスコを脱出する（25

節）。サウロ逮捕にあたったのはナバテヤ王国のアレタ王の代官だった（Ⅱコリント一一32〜33）。サウロの宣教は社会的混乱を招いたのであろう。何という力強さ！

サウロは、ダマスコからエルサレムに行く（26節）。それは回心から三年後で、ケパ（ペテロ）と主の兄弟ヤコブにも会う（27節、ガラテヤ一18〜19）。サウロは、エルサレムでも力強く宣教した（28節）。

宣教の力は、信仰歴の長さにはよらない。確かに私たちは、サウロのような器ではない。それでもなお、私たちも持ち得る秘訣がある。力強い宣教者をつくるものは、何であろうか。

一、キリストからの力（20、22節）

サウロを力強く宣教させたのは、キリストからの力であった。

22節「力を増し」は、「強められて」とも訳せる。彼は、キリスト（聖霊）に強められて、ますます力を増して宣べ伝えたのである。

20節「イエスは神の子である」は、サウロのメッセージの内容であるが、それはサウロ自身が体験した事実である。

「神の子」は、ユダヤ人に知られたキリストの称号（マルコ一四61）であり、イエスも神を父と呼び、御自身を神の子とされた。しかし、**使徒の働き**にはここだけに出てくる。サウロは、自分自身が体験したキリストを、自分自身のことばで語っているのである。

サウロを強めたのは、ナザレのイエスが神の子キリストであるという事実であった。事実は、何ものにもまさる力と確信を与える。

キリストから力を受けているなら、信仰歴、訓練の度合いにかかわらず、強められてキリストを証しすることができる。

二、みことばによる確信（22節）

サウロを力強く宣教させたのは、みことばによる確信である。

これには、多少の説明を要する。「（イエスがキリストであることを）証明して」は、「編み合わす」「結び合わす」意味で、いくつかのことを結び合わせて結論・論証すること。旧約のメシヤ預言とイエスにおける成就を結び合わせて論証した、という意味合いである（F・F・ブルース）。

確かに、パウロは元々ユダヤ教のラビで、旧約聖書学者であった。その意味では、私たちは回心直後からサウロのようには行くまい。ただし、回心直後の柔らかい心は海綿が水を吸うようにみことばを吸収する。毎週の教会でみことばを聞くだけでも大きな確信となり、証しの訓練となる。

三、教会の交わり（19b、25、27〜28、30節）

サウロを力強く宣教させたのは、教会の交わりである。

サウロは、一人で頑張ったのではなかった。教会の交わりにいつもとどまり、そこで慰められ、励まされ、教えられ、力を受けた。

回心直後、サウロは数日間ダマスコの弟子たちとともにいた（19節b）。エルサレムに着いたサウロは、すぐに弟子たちの仲間に入ろうとする（26節）。エルサレムの弟子たちに疑われ、恐れられていたサウロを助けたのはバルナバであった（27節）。このバルナバが、サウロをアンテオケに招き、伝道旅行に行く。ダマスコではアナニヤ、エルサレムではバルナバに助けられ、教会の交わりの大切さをサウロはよく知っていたのである。

サウロはまた、バルナバの紹介で使徒たちに会い（27節）、ペテロと十五日間過ごした（ガラテヤ一18）。もちろん、主イエスの御生涯や教えのみことばなどを詳しく聞いたに違いない。

このように、教会の交わりはサウロに力を与え、主イエスの知識を与え、ますます確信を深め、宣教に励む助けとなった。私たちも、教会に集うごとに教えられ、祈り合い、励まし合い、支え合って、そこから主のために生きる場へと遣わされていきたい。

――二〇一〇年四月二十五日　主日礼拝

教会の充実と前進〔サウロの回心の結果〕　使徒九31

「こうして教会は、ユダヤ、ガリラヤ、サマリヤの全地にわたり築き上げられて平安を保ち、主を恐れかしこみ、聖霊に励まされて前進し続けたので、信者の数がふえて行った。」

（九31 新改訳三版）

使徒の働き九章31節は、サウロの回心物語りをしめくくるが、それはまた、教会の前進・成長を要約する一節である。それは、地域、質、数のすべてにおける成長である。

成長の要因と思われるのは、「平安」（平和）、「主を恐れかしこみ」、「聖霊に励まされて」の三点である。当然、教会が平安（平和）を保ったのは、キリスト（聖霊）の力による。「主を恐れかしこみ」（直訳「主の恐れによって」）は、主（聖霊）の働きによって起こる恐れである。これらの要因は、すべて主から来ている。

31節のような要約的記述は、宣教が新しい局面へと展開するときに現れる（二42～47、四32～35、五12～16、六7、一一21、一二24）。教会は、確かにサウロの回心によって新しい局面を迎えようとしていた。その意味でも、この一節は、教会の前進を表わしている。

私たちの教会も、ますます充実し、前進し、新しい局面を切り開いていくことができる。それは、①主による平安（平和）、②主への恐れ、③聖霊の励ましによってである。

一、主による平安（平和）

教会の前進の秘訣は、主による平安（平和）である

31節はサウロの回心と劇的変化の結果である。「こうして」は、「それゆえ」とも訳せる。すなわち、主は迫害者サウロを救って迫害を終わらせ、宣教の力とし、教会に平安・平和をもたらしてくださった。

主がサウロの迫害を止めるために取られた方法は、人間の知恵をはるかに超えていた。主は、思いもかけない、しかも最善の方法で教会が直面している問題を解決してくださる。その主の働きを目の当たりにするとき、教会には大きな主への信頼が生まれ、平安・平和がもたらされる。私たちも主に信頼し、主の解決を頂いて、どんな困難の中をも平安を保って前進する教会であり、個人でありたい。

二、主への恐れ

教会の前進の秘訣は、主への恐れである。

これもまた、サウロの回心・劇的変化から起こったことであろう。すべてを支配する主への信頼とともに、恐れも生じたのである。

「主を恐れかしこみ」は、「主の恐れによって」が直訳。主は、これまでも教会のために恐れを二度起こされた。一度はペンテコステの宣教の後（二43）、一度はアナニヤとサッピラの死の後である（五11）。ペンテコステ直後の恐れの原因は明記されないが、三千人も心を刺されて悔い改めたように、神が救い主としてお立てになったイエスを十字架につけてしまった事実に、恐れおののいたからであろう。

二章43節「一同の心に……」は、「すべての者に」が原語。教会内外に広く恐れが生じた。五章11節では、アナニヤとサッピラの最期は教会外の人々にも恐れを生じさせた。それらの恐れの後には、必ず宣教が進展した。

今の時代でも、教会が主を恐れて歩むときに、世の人々にもそれが伝わり、宣教が進む素地が作られていく。主日礼拝の堅持、祈りの生活、誠実さ等々、心から主を恐れかしこむ生き方は証しになる。

三、聖霊の励まし

教会の前進の秘訣は、聖霊の励ましである。

言うまでもなく、大迫害者が熱烈な伝道者に変わった事実は、教会に大きな慰め、励まし、奮起を与えたはずである。「励まし」（パラクレーシス）は、無論パラクレートス（慰め主）なる聖霊の働きである。

どれほど劇的な出来事があっても、人間的な感動は一時的である。しかし、聖霊の励ましは継続する。「前進し続けたので」と言われるように、聖霊は教会を絶えず励まし続けたのである。

聖霊は励ましの器をも用いる。サウロが教会の伝道者となる道を開いたのは、アナニヤとバルナバである。バルナバは「慰め（励まし）の子」という意味（四36）。地所を売ってやもめたちを慰め励まし、サウロを使徒たちに会わせてサウロとユダヤの諸教会を慰め励まし、アンテオケでも主を信じた人々を励ました聖霊の器だった（一一23〜24）。

私たちが今日あるのは、主が命を捨てて私たちを贖い、罪を赦し続け、きよめ続け、慰め励まし続けてくださったからである。そのような主の愛を知る者は、聖霊の器、慰め・励ましの器として用いられる。そのような人のいる教会は、必ず前進する。

――二〇一〇年五月九日　主日礼拝

奇蹟を超える奇蹟〔ペテロの巡回伝道〕　使徒九32～43

「ルダとサロンに住む人々はみな、アイネヤを見て、主に立ち返った。……このことがヨッパ中に知れ渡り、多くの人々が主を信じた。」（九35、42 新改訳三版）

使徒の働きの奇蹟は浅く読まれ、よく奇蹟を求める根拠とされる。

九章32節から一〇章の終わりまでは、ペテロの巡回が報告される。ルダで八年間中風だったアイネヤ（男性）を癒やし（九32～35）、ヨッパでタビタ（ドルカス）をよみがえらせる（九36～43）。そして、カイザリヤに行き、ローマの百人隊長コルネリオを救いに導く（一〇章）。

コルネリオの回心は、後の世界宣教に決定的な影響を及ぼす。全くの異邦人が初めて救われ、かつエルサレム会議（一五章）で異邦人が救いのために律法を守る必要があるか議論された際、ペテロが、この出来事から救いは信仰によることを主張し、議論に終止符を打つ。

しかし、この二つの奇蹟は、コルネリオの回心のただの前触れではない。コルネリオの回心への流れに、奇蹟を超えた奇蹟がある。

それは要するに、キリストはその奇蹟を超えるみわざによって、すべての人を救うということ。それを端的に示すのが、これらの奇蹟の後の人々の救いである（35節、42節）。すべての人の救いは、①癒やしを与えるキリスト、②いのちを与えるキリスト、③最善に導くキリストによる。

一、癒やしを与えるキリスト（34節）

キリストは、癒やしを与える。このキリストが私たちを救う。

ペテロは、ルダに住む「聖徒たち」のところに下って行く（32節）。信者の群れが広がり、ペテロが各地を巡回していることがわかる。そこに八年間も中風で床に着いているアイネヤがいた（33節）。

ペテロは、彼に「イエス・キリストがあなたをいやしてくださるのです」と言う（34節）。本当の癒やしは、キリスト御自身のお働きである。キリストは、八年も患っているアイネヤを知っていて、放ってはおかず、顧みてくださった。長い苦しみを、主は覚えていてくださる。

アイネヤは、自分の力で立ち、床を整えることができた。「床を整える」とは敷物を広げることで、食卓を整える意味もある。主の癒やしは、病んでいる人の生活まで癒やす。そして、癒やされたアイネヤの生活を見て、人々は信じた（35節）。主のみわざは、ただ人を驚かせる奇蹟とは違う。生きる力を与え、キリストを現す人生に変えてくださる。

二、いのちを与えるキリスト（40節）

キリストは、いのちを与える。このキリストが私たちを救う。

死人のよみがえりは、多分今日は使徒時代ほどには起こるまい。主イエス御自身、四福音書で三度だけ人を甦らせた。それは、主御自身の復活が示すように、永遠のいのちを保証する象徴的奇蹟でもあったからであろう。

このタビタのよみがえりは、それ以外にも意義があった。ひとつには、多年のタビタの愛の奉仕を、主が覚えておられたことが示された。また、悲しみに暮れる彼女の奉仕を受けた人々を慰める奇蹟でもあった（39節）。さらには、それが多くの人の救いにつながった（42節）。これもまた、永遠のいのちへと導く、奇蹟を超える奇蹟である。

人間は、奇蹟的によみがえったところで、必ず死ぬ。永遠のいのちの希望に溢れて天に召される証しにどれほど励まされることか。

三、最善に導くキリスト（35、38、42、43節）

キリストは、すべてを最善に導く。このキリストが私たちを救う。

この一連のペテロの巡回伝道での主の導きに、すべての人を救おうとする主の御計画がよく現れている。アイネヤの癒やしの評判は、タビタが死んだ時にペテロを呼びに来る原因となった（38節）。ルダにいたことも主の導きであった。「ルダはヨッパに近かったので」彼らはペテロを呼んだ。ペテロは、タビタのよみがえりの後、アフターケアのためかしばらくヨッパの「皮なめしのシモン」の家に泊まる（43節）。皮なめしは、動物の死体を扱う律法的には汚れた職業。キリストへの信仰は、律法による差別を超え始めていた。そしてそれが、律法的には汚れた異邦人コルネリオの家での伝道に発展する。そしてそれが、世界宣教の根拠となる（先述）。

そのような壮大な計画が、病気に苦しみつつも信仰を持って懸命に生きる人や、小さな愛の奉仕で忠実に主に仕えた婦人を通して進められたことは注目に値する。私たちの多くはつつましく生活している。しかし主は、ただ懸命に生きるだけのような人生を用いて、すべてを最善に導き、多くの人々を救うみわざを推し進めてくださる。ここに奇蹟を超える、本当のキリストの奇蹟があるのではないだろうか。

――二〇一〇年六月二十日　主日礼拝

愛の働きの結末〔女の弟子タビタ〕　使徒九36～43

「このことがヤッファ中に知れ渡り、多くの人々が主を信じた。」（九42　新改訳２０１７）

今日は母の日にちなみ、すばらしい女の弟子の箇所からメッセージを取り次ぐ。朗読箇所の少し前、31節は、教会と福音の前進の要約。**使徒の働き**においては、このような箇所には大きな展開が続く（二47、六7、一一21、一二24、一六5、一九20）。32～35節は、リダ（新改訳三版：ルダ）でのペテロの働きである。ペテロは巡回していた。ペテロがリダにいる時、多くの良い働きをしていた女の弟子タビタが亡くなる（36～37節）。リダはヤッファに近く、ヤッファの弟子たちはペテロがリダにいると聞いた（38節）。それで、ヤッファの弟子たちはペテロを呼びに来た。ペテロの居場所だけでなく、アイネアの癒やしも聞いたことは想像に難くない。

そして、ペテロは来てタビタをよみがえらせる（40節以下）。この一連の出来事から、タビタの愛の働きに対して、主が豊かに報いてくださったことを見る。

私たちも愛の働きに励むことができる。それは、主が報いてくださるからである。主はどのように愛の働きに報いてくださるのだろうか。タビタに与えられた主の報いは、①愛の働きを覚えてくださる、②慰めてくださる、③多くの人を救ってくださる、などとまとめることができる。

一、愛の働きを覚えてくださる（36、39、40節）

タビタはよみがえる（40節）。それは、主が彼女の愛の働きを覚えていてくださったことを示している。

彼女は、多くの良いわざと施しをしていた（36節）。それは、やもめたちが見せた、彼女に作ってもらった下着や上着の数々にも現れている（39節）。

39節では、タビタが「ドルカス」というギリシア語名で呼ばれる。このやもめたちは、ユダヤ人だけではなかったとも思われる。この地域にはギリシア語を話す異邦人も混在していた。そして、「やもめたちはみな……」「下着や上着の数々……」などの表現から、少なくない人数だったように思える。

41節でも、よみがえったタビタを見せるために呼ばれた人たちが「聖徒たちとやもめたち」と言われる。信者のやもめたちが聖徒たちと区別されているのではなく、信者でないやもめたちもタビタの愛のわざを受けていたのではないだろうか。

タビタの愛のわざは、異邦人や未信者にまで及ぶ、隔てのないものだったようである。主は、そのような愛のわざを覚えていてくださる。

タビタをよみがえらせたのは主である（40節）。ペテロは皆を外に出す。かつてヤイロの娘をよみがえらせた主にならったようである（マルコ五40）。そして、ペテロは祈る。さらにペテロは、「タビタ、起きなさい」と言う。これはアラム語で「タビタ・クム」。主イエスがヤイロの娘に言われた「タリタ・クム」（娘よ、起きなさい。マルコ五41）を彷彿させる。このように、ペテロは主に頼ってタビタをよみがえらせた。タビタをよみがえらせたのは主イエスである。

二、慰めてくださる（41節）

タビタのよみがえりは、彼女の愛を受けた人々への大きな慰めとなった。

タビタの施しや愛のわざを受けたやもめたちの悲しみは大きいものであった。それだけ大きな愛を受けていたからである（39節）。しかも、数多くのやもめたちが――。

ペテロが聖徒たちややもめたちを呼んで生き返ったタビタを見せたのも、それが大きな慰めになるとわかっていたからである。

愛のわざ、そしてそれに感謝する心には、主の大きな報いがある。ここでは肉体のいのちが返された。しかし、そうでなくても永遠のいのちの報いが必ずある。ラザロの復活が永遠のいのちを象徴する奇蹟だったように、この奇蹟も主が永遠のいのちを与える力があることを示している。

三、多くの人を救ってくださる（42節）

よみがえりと慰めでタビタの愛のわざに報いてくださった主は、それを通して多くの人を救ってくださる。タビタのよみがえりは、やもめたちや聖徒たちを通して地域に伝わり、多くの人々が主イエス・キリストを信じた。しかし、この話は、ここで終わらない。31節を思い起こしていただきたい。大きな展開が待っていたのである。

ペテロは巡回伝道を始めていたが（32節）、リダやヤッファは異邦人が混在する地域だった。そして、ヤッファで多くの人が主を信じたため、ペテロはヤッファにかなりの期間滞在していた（43節）。そこにやって来るのが、ローマの百人隊長、コルネリオの使いである（一〇7、8、17、

18）。多くの人がヤッファで救われ、そのケアのためにペテロが長期間滞在していなかったら、彼らはペテロに会えなかったであろう。しかし、それらすべては主の導きであった。福音が異邦人に伝わるという大きな展開のきっかけが、タビタのよみがえりだったのである。

主は、愛の働きを通して、「あの人がいたから……」という不思議な結果に導いてくださる。それは最大の報いであり、栄誉である。

——二〇二二年五月八日（母の日）主日礼拝

すべての人に及ぶ救い〔コルネリオを覚える神〕　使徒一〇1～23

「すると、再び声があって、彼にこう言った。『神がきよめた物を、きよくないと言ってはならない。』」（一〇15 新改訳三版）

私たちが「この人に福音を伝えても……」と思うような人でも、神は愛されている。

ドルカスを甦らせたペテロは、そのままヨッパの皮なめしのシモンの家に滞在していた（九43）。その頃カイザリヤにコルネリオという、家族を挙げて神を恐れ、祈りと施しに励む敬虔な生活をする百人隊長がいた（1～2節）。彼は、まだ割礼を受けていないが（一一3）、神を信じる生活をする「神を恐れる人」（敬神者）であった。そのコルネリオに御使いが現れ、ペテロを招くように伝える（3～6節）。そこで彼は、二人のしもべと敬虔な兵士一人をヨッパに遣わす（7～8節）。

その頃、ペテロは幻を見る（11～16節）。天からさまざまな獣が入った布の入れ物が下りてきて、「ほふって食べなさい」という声が聞こえた。ペテロが宗教的に汚れた獣は食べられないと答えると、「神がきよめた物を、きよくないと言ってはならない」と声がした。それが三回続いた。

ここでの「きよめる」(カサリゾー)とは、宗教的な汚れをなくすることである。つまり、神はこれらの汚れた獣を神に受け入れられる物とした。当然それには意味があった。神は、動物のことではなく、どんな人もきよくないとか、汚れているとか言ってはならず、神に受け入れられる存在であることを示された(28節)。つまり、どんな人でも神の救いの対象であり、神は受け入れてくださるということである。

すべての人は神に受け入れられるが、救いを受ける人は限られている。救いを受けるには、どうしたら良いのか。それは、①神を求めること、②教会の宣教、③すべての人を受け入れる神による。

一、神を求める(2、7〜8節)

救いは、神を求めることによって受けることができる。

コルネリオは、神に従う生活を心がけ、祈りや、貧しい人のための施しに励んでいた(2節)。

午後三時にも祈っていたが（3節）、午前九時、正午、午後三時のユダヤ教の祈りを守っていたのであろう（三1参照）。問題が起こった時に一度や二度神を求める人はいる。しかし、生活をかけて求め続ける人は少ない。だから、なかなか救われない。

しかもコルネリオは、自分一人で敬虔な生活をするのではなく、全家族（奴隷も含めた家）に勧めて行わせていた。それだけでなく、部下（7節）や、親族や友人たち（24節）にも神を信じる生活を勧めていた。神は、真実に求める者を覚えていてくださる。

言うまでもなく、コルネリオは御使いのことばに従い、人を遣ってペテロを招く（7〜8節）。心で求めるだけでなく、行動する。真実に求めるとは、そういうことである。

もちろん、誰にでも天使が現れるわけではない。しかし、神はさまざまな形で機会を与えてくださる。招きを受けたら、神の前に出て求めたい（ルカ一四16〜24）。求めるとは、何を置いてでも主の招きに応じることである。

二、教会の宣教（5節）

救いは、教会の宣教を受け入れることによって受けることができる。

御使いは、恐れかしこんでいるコルネリオに、イエス・キリストを信じなさいとは言わず、ペテロを呼べと言う。罪深くとも、キリストの救いを知る人間を通して福音は語られる。その宣教を受け入れるときに、人は救われる。

その頃ペテロは、十二時の祈りをささげていた（9節）。これもユダヤ教の祈りの習慣による祈りである。神は、日々御自身と交わる者を用いて宣教される。聖霊は祈る者を動かし、祈る者を通して働かれる（19～20節）。宣教者の条件は、救われていることと、日々祈ることである。神は、そのような人を救いを求めている人へと導いてくださる。

「イエスは主である」という教会の宣教を受け入れ、教会と共に告白する時に、人は救われるのである。

三、すべての人を受け入れる神（11～16節）

救いは、人間が求めたり伝えたりしても、人間の力で得られるものではない。すべての人を受け入れる神によって与えられる。

では、なぜどんな人でも、神の前にきよくないとか汚れているとか言ってはならないのか。それは、キリストの十字架がすべての人のためだからである。人間は皆神の前に罪人であり、キリストを信じる者は皆罪赦された者、神の家族、兄弟姉妹である。ペテロが、律法的に汚れた職業の皮なめしのシモンの家に泊まったのも、そのためである。

主は、地上の御生涯の頃から取税人・遊女・罪人を受け入れられた。主は、ガリラヤの漁師、取税人、武力革命派を含んだ十二弟子から宣教を始められた。羊飼いたちも訪問できる飼葉桶で誕生された。主は、初めからすべての人の救いを目的とされた。

しかし、ペテロにとっても、異邦人となると難しかったに違いない。ユダヤ教では、異邦人に対してはれっきとした差別があった。だから神は、天からの幻と声によって、神の前に差別がないことを明確に示されたのである。そして、そこから世界宣教が開かれていく。神は、すべての求める人を覚え、福音を受け入れる人を救ってくださる。「今は恵みの時、救いの日です」(Ⅱコリント六2)。

——二〇一〇年七月四日　主日礼拝

信じる人は誰でも……〔コルネリオの救い〕　使徒一〇34～48

「イエスについては、預言者たちもみな、この方を信じる者はだれでも、その名によって罪の赦しが受けられる、とあかししています。」（一〇43 新改訳三版）

「信じる者は皆救われる」とは、キリスト教の中心的な教えである（信仰義認）。コルネリオの救いは、それをよく物語っている。

24～33節は、ペテロがカイザリヤに到着し、コルネリオが彼を招いた理由を直接確認する場面。ペテロは、コルネリオの家に集まった人々の求道心を確認して語り始める（34節以下）。すると、聴いていた人々に聖霊が下り（44～46節）、彼らはバプテスマを授けられる（47～48節）。

聖霊は、彼らが聴いて信じたので、彼らの内にお入りになった（一五7～9）。すなわち、彼らは異邦人だったが、イエス・キリストを信じただけで神は彼らの罪を赦し、お救いになった。ペテロがコルネリオたちに語ったとおりである（43節）。

救いはどのようにして得られるのか。①受け入れてくださる神を信じて救われる。②イエス・キリストを信じて救われる。③聖霊によって救われる。④バプテスマによって救いが確かにされる。

一、受け入れてくださる神を信じて救われる（34〜35節）

私たちは、まず神に受け入れられることによって救われる。神は人を偏り見ず、どの国の人でも愛し、受け入れる（34〜35節）。このお方を信じて、私たちは救われる。

ここでペテロは、「どの国の人であっても、神を恐れかしこみ、正義を行う人なら、神に受け入れられるのです」と言う（35節）。もちろん、正しい行いによって救われると言うのではない。神を恐れ敬い、神を求め、みこころにかなう正しい生き方を求める者を、神は救ってくださるということである。

聖書の神は天地の創造者なる唯一の神、イエス・キリストの父なる神である。日本人の信心は御利益中心、その神々は人間の必要や欲求に仕える神々。聖書の神は、人間が神に仕え、みこころにかなう生き方をすることを求めるお方である。

当時のユダヤ教会堂には、異邦人改宗者や、コルネリオのような敬神者がいた。多くの異邦人が神を求めたのは、ユダヤ教に他の宗教にない倫理性があったからである。すべての人の心にある良心は、神の存在を示す。神と神のみこころにかなう生き方を求める人を、神は受け入れてくださる。

二、イエス・キリストを信じて救われる（36〜43節）

私たちは、天地を創られた神と、イエス・キリストを信じて救われる。神がキリストを救い主としてお立てになったからである（42〜43節）。

ここでペテロが語るイエス・キリストは、①聖霊によって力強く働き、人々を悪魔の支配から解放された（38節）。イエスの奇蹟は人々へのあわれみの現れでもあり、悪魔の支配からの解放でもあったが、ご自分が救い主である「しるし」でもあった。②そして十字架で死なれ、復活され、選ばれた証人たちに現れた（39〜41節）。私たちの罪が赦され、救われるためには、罪の身代わりの十字架と復活が不可欠である。③イエスは、その生涯と十字架・復活の証人たち（新約聖書）により、また預言者たち（旧約聖書）によって証言されている（42〜43節）。

イエスを主と信じ、その十字架と復活によって罪が赦されたと信じる根拠は聖書である。神のことばによって保証された救いを受けたい。

三、信じる者に働く聖霊よって救われる（44〜46節）

信じる者は、聖霊の働きによって救われる。

私たちは自分で信じる決心をし、信仰によってみことばを受け止め、救いを受け止める。しかし信仰は救いを受け取る手段であり、キリストの救いを私たちに手渡すのは聖霊である（Ⅰコリント一二3、ローマ八16等）。

元来罪深い人間が神を求めるのは聖霊の働きである。「イエスは主」という告白も、祈りも、みこころに従う生活も、すべて聖霊の働きである。

四、バプテスマによって救いが確かにされる（47〜48節）

私たちは、バプテスマによって救いを確認する。

ペテロは、みことばを聞いていたコルネリオたちが異言を話し、神を賛美し、明らかに聖霊を受けたのを見て（45〜46節）バプテスマを命じる（47〜48節）。初めて見る異邦人の救いをユダヤ人たちが確認するために、神は明らかなしるしをお与えになった。そして、救われて聖霊を受けた者のバプテスマは、さし止められてはならない（47節）。

救いとバプテスマは分離できない。バプテスマは、キリストと一つとなり、キリストとともに古い人生に死に、キリストとともに復活のいのちに生きることを示す礼典である（ローマ六章）。救いを象徴する礼典は、初期の教会では、救いの出来事と切り離されなかったのである。

キリスト教は、明確な人生の転換をもたらす。バプテスマは、そのような生まれ変わり、キリストとともに生きる新しいいのちを象徴する。「イエスは主」と告白する人は、皆受けるものである。もちろん儀式は人を救わない。キリストへの信仰をバプテスマによって体現するときに、聖霊が救いを体験させ、キリストとともに死に、新しいいのちに生きる人生を始めてくださるのである。

——二〇一〇年七月十八日　主日礼拝

否定できない神の救い〔異邦人の救いの追認〕　使徒一一1〜18

「人々はこれを聞いて沈黙し、『それでは、神は、いのちに至る悔い改めを異邦人にもお与えになったのだ』と言って、神をほめたたえた。」（一一18 新改訳三版）

「どうしてあなたは、自分が救われているとわかるのか」と尋ねられたら、私たちはどう答えるだろうか。

ローマの百人隊長コルネリオとその家、友人たちは、ペテロの宣教によって救われた（一〇章）。ところが、この知らせがエルサレム教会に伝わり、ペテロが帰ってくると「あなたは割礼のない人々のところに行って、彼らといっしょに食事をした」と責める人々がいた（1〜3節）。割礼は選民のしるしであり、ユダヤ人の宗教的誇りであった。初期のユダヤ人クリスチャンにとっても、割礼と律法は乗り越えることの難しい異邦人との間の壁であった。

「彼らといっしょに食事をした」というのは些細なことのように思えるが、律法（食物規定）に従って汚れた物を食べないことは、安息日遵守とともに、ユダヤ人と異邦人の生活を区別する重要なことであった。

そこでペテロは、順序立ててコルネリオたちの救いを説明する（4節以下）。最初はペテロを責めていた人々も、彼らの救いを納得せざるを得なかった（18節）。コルネリオたちは、異邦人を汚れた者と見、救いの対象として見ない人々さえも否定できない、確かな救いを得たのである。

私たちは、誰も否定できない確かな神の救いを受けることができる。それは、①神の導きによって、②キリストの福音によって、③聖霊の働きによって、④宣教者と証人たちの確認によって、である。

一、神の導きによって（5〜12節）

誰もが否定できない救いは、否定しようのない神の導きによる。コルネリオの救いは、明らかな神の導きによって起こった。コルネリオに御使いが現れ、ペテロを呼ぶように命じる一方、ペテロは神からの幻を見て異邦人を汚れた者だと拒んではならないことを教えられ、御霊の声を聞いてコルネリオの家に出かけて行った。

私たちのキリストとの出会いも、同様に神の導きによる。命がけで日本宣教に来た人々がいた。聖書を日本語に訳す人が現れた。私たちが、今教会でみことばを聞いているのは偶然ではない。疑い得ない神の支配と導きがある。

二、キリストの福音によって（14〜15節）

誰もが否定できない救いは、キリストの福音と、福音への信仰による。

コルネリオたちは、イエス・キリストの福音をペテロが語るのを聞いて（一〇44、一一15）、信じたから聖霊が下り、救われた（一五8〜9）。

イエス・キリストは、私たちの罪のために十字架にかかり、よみがえられた。このイエス・キリストを信じる者は、誰でも例外なく救われる。それは、イエスの生涯と十字架・復活を目撃したペテロを始めとする使徒たち皆が語った福音である（ローマ三22、一〇9〜10等々）。コルネリオたちも、そのようにして救われた（Iコリント一二3）。

三、聖霊の働きによって（15〜17節）

さらには、誰もが否定できない救いは、聖霊の働きによる。

コルネリオたちは、ペテロや、エルサレム教会の人々が経験したのと同じように聖霊を受けた（15、17節）。その時彼らには、異言を話し、神を賛美するという、明らかな聖霊のしるしがあった（一〇46）それはペテロといっしょに来たユダヤ人信者たちも驚くほど明らかであった（一〇45）。今日、信じる者が皆異言を語るわけではない。しかし、確かに心が変えられ、人生が変えられ、神をほめたたえるようになる。

ペテロは、コルネリオたちに聖霊が降った時、主イエスの約束のみことばを思い出した（16節）。聖霊の働きはみことばで確認できる。聖霊は、聖書から外れた働きをなさらない。私たちが聖霊の働きを確かなものとして受け止めることができるのは、聖書による。

私たちが信じるとき、キリストによる罪の赦し、きよめ、永遠のいのちを内に実現するのは聖霊である（ローマ八1～2、16等）。その時私たちは必ず変えられる（Ⅱコリント五17）。救いとは、単なる教理への同意ではなく、人間が変わることである。

四、宣教者と証人たちの確認によって（12、17節）

最後に、誰もが否定できない救いは、宣教者と証人たちの確認による。無論これは救いそのものではないが、救いを確かなものとする。

ペテロがコルネリオを訪ねる時、六人の兄弟たち（ユダヤ人信者）が同行した（12節）。彼らは、ペテロが説明しているその場にもいた。当時のローマ法やエジプト法では、七人の証言が事実を確かなものにした。ペテロが彼らを同行させたのは、明らかな神の示しがあったとはいえ、初めての異邦人伝道の証人とするためであろう。

彼らは、ペテロとともに、キリストの福音を聞くコルネリオたちに明らかに聖霊が降ったのを見た。そして、彼らが救われたのを否定できず、バプテスマを差し止められなかった（一〇44〜46）。証人たちの存在が、彼らの救いを否定できないものとした。

もちろん人間が神の救いを保証するのではないが、信仰者が誰も認めないような神のわざはない。正真正銘の神の救いは、周囲の人も認めざるを得ない変化をもたらす。

——二〇一〇年八月一日　主日礼拝

キリスト者という人々〔アンテオケ教会〕　使徒一一19～30

「弟子たちは、アンテオケで初めて、キリスト者と呼ばれるようになった。」
（一一26c 新改訳三版）

本日はお盆、終戦記念日でもある。戦争中の天皇礼拝と宗教弾圧は大きな試練だった。先祖礼拝と天皇礼拝に関わる日に、キリスト者の証しについて考えたい。

本日のテキストは、教会史上初めて「キリスト者」（クリスティアノス）という名で呼ばれた、アンテオケ教会の始まりを記述している。

「クリスティアノス」は、使徒の働き一一章26節、二六章28節、Ⅰペテロ章四16節のみに現れる。ギリシア語クリストス（キリスト）にラテン語語尾が付き、さらにギリシア語化した。キリストの者、キリストに属する者という意味。アンテオケの町の人々が、揶揄や嘲笑を込めてキリスト信者たちをこう呼んだと思われる。

ギリシア的な町では、広場や柱廊で人々が哲学議論に興じていた。多分アンテオケの信者たちも、そのような場所で伝道したであろう。「クリスチャン」という呼び名は、名もない信者たちの証しから生まれた。今日的に言うなら、あまりにキリスト、キリストと言うので、「キリスト狂」、「キリスト野郎」などと呼ばれるようなものであろう。

私たちも、「キリスト者」と呼ばれたアンテオケの信者たちのように、周囲の人々がキリスト者と認め、刮目するような証しをすることができる。それは、① 大胆な宣教、② 聖霊による励ましと教え、③ 行動する愛によってである。

一、大胆な宣教（19〜21節）

アンテオケの信者たちは、大胆に宣教した。これが周囲の人々をして「あれがキリスト者だ」と言わしめた第一の要因である。

彼らは勇気ある宣教者たちだった。迫害で散らされても、なお宣教しつつ進んで行った（19節）。当時ユダヤ人は広範囲に離散しており、後にパウロが経験するように、どこでも迫害の危険性があった。命を脅かされても、彼らは宣教し続けたのである。

また彼らは、既成概念に囚われないで、アンテオケで全く旧約聖書を知らないギリシア人に

宣教した（20節。文脈的にヘレーニステースは「ギリシア人」であろう）。※

エルサレム教会は、ピリポのサマリヤ伝道でも、確認のためにペテロとヨハネを派遣した（八14）。コルネリオの回心でも、ペテロに大きな疑問を投げかけた（一一1〜3）。非ユダヤ人の救いは、エルサレム教会にとって受け入れにくい問題だったのである。エルサレム会議（一五章）の後でさえ、エルサレムから来たと称する人々がパウロを悩ませる。アンテオケの信者たちはそれを易々と克服し、異邦人に宣教した。それは、彼らが元々異教社会で育ったことも大きな要因であろう（20節）。教会の前進は、しばしばこのような既成概念に囚われない「素人」によってもたらされる。そして、実は主御自身が彼らの伝道を導いておられ、その働きを祝福されたのであった（21節）。

伝道は、すべてのキリスト者があらゆる知恵を持ち寄ってするものである。そのような教会には、主の御手がともにある。「使徒の働き」は「信徒の働き」でもある。

二、聖霊による励ましと教え（22〜26節）

アンテオケ教会には、指導者たちによる励ましと教えがあった。これが周囲の人々をして「あれがキリスト者だ」と言わしめた第二の要因である。

まず、バルナバの励ましがあった（23節）。エルサレム教会は、多分懐疑的な理由でバルナバをアンテオケに派遣する（22節）。しかし、バルナバ自身キプロス出身のユダヤ人で、既成概念に囚われずにアンテオケでの主のわざを正しく認め、彼らを励ます。彼は「りっぱな人物」（直訳「善い人」）、「聖霊と信仰に満ちている人」と言われる（24節）。「善い」は、「恵み深さ」でもある。聖霊に満ちた人は、人を恵みの視点で見る。

バルナバは、多くの人々が救われたので自分の手に余ることを悟り、サウロを探しにタルソに行き、彼を連れて来てともに一年ほど教える（25～26節）。サウロの教えについては詳述されないが、後の手紙に見るような堅固な教えで彼らの信仰を確立していったことは間違いない。そうして「あれがキリスト者だ」と言われるようになったのである。

聖書を正しく教える教えと、勇気ある証しを励ます励ましは、よい証し人集団をつくるためには欠かせないものである。

三、行動する愛（27～30節）

アンテオケ教会は、救援物資をエルサレムに送る、実践的な愛があった。それが人々をして「あれがキリスト者だ」と言わしめる第三の要因であった。

預言者アガボの預言は的中し、広範囲にわたる飢饉が起こった（28節。ヨセフスによれば四六年頃）。そこでアンテオケ教会は援助をエルサレムに送る（29〜30節）。

エルサレム教会は、当初アンテオケ教会に疑いを持っていたようだ（先述）。しかし愛は、自分がどう思われているかよりも、相手の困難な状況だけを問題とする。愛の実践者こそが「キリスト者」と呼ばれるにふさわしい。

戦争中の弾圧は大きな試練であった。信仰を離れた人たちもいた。その中を生き抜いた先人たちのゆえに、今の日本の教会がある。私たちも、揶揄であろうが賞賛であろうが、「見ろ、あれがクリスチャンだ」と言われる者でありたい。

——二〇一〇年八月十五日　主日礼拝

※《注記》ヘレーニステースは「ギリシア化された人」。人種的なギリシア人に限らず、ギリシア語で生活する人々と見てよい。それが誰を指すかは文脈で読むほかない。

教会の祈りと神の答え〔すべてを支配する神〕　使徒一二章

「こうしてペテロは牢に閉じ込められていた。教会は彼のために、神に熱心に祈り続けていた。」（一二5 新改訳三版）

先週は幸いなコイノニア福音グループ（KFG）創立記念礼拝を持った。何もない中からKFGの母体である川崎の群が生み出された。ただ神を頼りとし、祈りと信仰のみで進んできた創立のスピリットを継承し、さらなる拡大をめざしたい。

この使徒一二章は、迫害によってヤコブが殺され、ペテロが投獄されるというエルサレム教会の危機が記されている。この迫害は、これまでの宗教的指導者たちや議会の迫害とは違い、王によるもので、使徒たちにも及ぶものであった。それは、ペテロが御使いによって奇跡的に解放され、迫害者であるヘロデ王（アグリッパ一世）が突然死ぬという結末になる。ヨセフスによれば、四四年のことである。

この一連の出来事が示しているのは、教会の祈りへの神の答と、世の権力の支配を超えて支配する神の支配である。

私たちは、教会としても、個人としても、困難や試練の中にいる。しかし、どんな状況でも私たちは、すべてを支配される神に信頼して祈りたいものである。それは、そこに必ず神の答えが与えられるからである。

一、奇蹟的な神の答え（6〜11節）

私たちは、すべてを支配する神に信頼して祈りたい。それは、神が人間の力を超えた奇蹟的な答えを与えてくださるからである。

ペテロの救出劇は、人間的には不可能である。彼は牢の中で二本の鎖につながれ、二人の兵士の間に寝ていた。戸口には番兵もいた（6節）。ペテロを監視していた兵士は十六人もいた（4節）。そして、衛所は二箇所もあり、鉄の門もあった（10節）。しかし、御使いがペテロを起こし、鎖は解け（7節）、夢心地で御使いの言うままについて行ったら（8〜9節）、衛所を無事通り抜け、鉄の門はひとりでに開いた（10節）。

なお、8節の御使いの指示は、幼児に対するように細かく具体的である。多分目覚めたばかりのペテロがまばゆい光や御使いに驚き、現実とは思われないでぼんやりしていたからであろう。ペテロが御使いに助けられたことを悟るのは、御使いが去った後である（11節）。

神は、すべてを私たちに都合よくはなさらないが、祈りに答えて、必要ならば人間的にはあり得ないことをして助けてくださる。だから祈らなければならないのである。

二、祈りを超える神の答え（12〜17節）

私たちは、すべてを支配する神に信頼して祈りたい。それは、私たちの祈りをはるかに超える答を神がくださるからである。

教会は熱心にペテロのために祈り続けていた（5節）。しかし、ペテロが解放されて戻ってきた時、門に応対に出た女中は、喜びのあまり門を開けるのも忘れ（14節）、ペテロの救出を祈っていた人々は、祈りの真最中でありながら（12節）、信じなかった（15節）。

これが人間の信仰の現実である。しかし祈るときに、神は私たちの祈りや信仰をはるかに超えた、最善の答をくださる（エペソ三20）。だから、私たちは、不完全な信仰であっても、祈らなければならないのである。

三、神の栄光を現す神の答え（20〜24節）

私たちは、すべてを支配する神に信頼して祈りたい。それは、神が御自身の栄光を現すような答えを与えてくださるからである。

20〜24節は、ヘロデ王が死んだいきさつを語る。それは、虫にかまれたからであるが、ルカは、彼が神に栄光を帰さなかったから御使いが彼を打ったと説明する（23節）。ペテロの解放すら期待していなかった教会は、このような結末は想像すらしていなかったであろう。

多分ヘロデは、ご機嫌をとるツロとシドンの民衆に「神の声だ。人間の声ではない」とおだてられ（22節）、自分の権力は神にも劣らない……などと不遜な思いを持ったのだろう。神は、御自身の栄光を誰にもお渡しにならない。しかし、それはまた祈りの答えでもあったのである。誰も想像だにしなかった結末であるが、その結果福音はますます広がっていった（24節）。神の栄光が現れたのである。

神の答えは、私たちに都合のよい奇蹟ではない。ペテロは助かったが、ヤコブは殺された。それは、主がヤコブとヨハネに語られた通りであり（マルコ一〇39）、ペテロの死に方も主は予告しておられた（ヨハネ二一18）。しかし、なぜ一方は早く殉教し、一方は長く生き延びてから殉教し、ヨハネのように迫害を受けながら長寿を全うする者がいるかは、わからない。神の深いみこころとしか言いようがない。しかし、はっきりしているのは、神は祈りに答えて、必ず御自身の栄光を現してくださることである。だから祈らなければならないのである。

——二〇一〇年八月二十九日　主日礼拝

世界を変える教会〔第一次伝道旅行の開始〕　使徒一三1〜4

「そこで彼らは、断食と祈りをして、ふたりの上に手を置いてから、送り出した。」
（一三3　新改訳三版）

テキサスの電力会社は、一軒5セント程度の募金で電気代を払えない人が夏や冬に死亡するのを防止していた。たった5セントが命を救う。私たち教会も、少数派でも、キリストの救いによって社会や世界を変える力を持っている。

アンテオケからの飢饉の援助をエルサレムに届けたバルナバとサウロは、マルコと呼ばれるヨハネを伴ってアンテオケに帰った（一二25）。舞台はエルサレムからアンテオケへと移る。続く一三章1〜4節では、アンテオケ教会がバルナバとサウロを第一次伝道旅行に送り出す。これまでは迫害で散らされた人々や、エルサレムで救われて故郷へ帰る人々によって福音が広がったが、教会の計画・サポートによる宣教がここから始まり、福音は加速度的に世界に広まっていく。そこに伝道旅行開始の大きな意義がある。

それはすなわち、教会による世界宣教の開始であった。その意味で、アンテオケ教会は福音によって世界を変えた教会と言えよう。もちろん彼らは「世界を救ってやろう」などという高慢な思いから始めたのではない。彼らは、ただ主のみこころに従った。その結果、あそこから世界宣教が始まり、世界が変わったと後世に評価されるのである。

私たちも、アンテオケ教会に学び、社会や世界を変える宣教をする教会となれる。

一、多様性を備えた教会（1節）

アンテオケの教会は、多様性を備えていた（許容・包容していた）。1節には、アンテオケの教会で主に仕えていた預言者や教師が列挙される。

バルナバ（「慰めの子」を意味する）は、本名ヨセフ、キプロス生まれのユダヤ人（レビ人）。畑を売ってやもめたちのために献金し（四36〜37）、サウロを使徒たちに紹介し（九27）、アンテオケに遣わされて教会を励まし、サウロを探し出して教師として招く（一一22〜26）。「りっぱな人物で、聖霊と信仰に満ちている人」（一一24）。

ニゲルと呼ばれるシメオン。ニゲルは「黒」のこと。アフリカ出身の色黒のユダヤ人と思われる。クレネのシモンとは別人であろう（ルカ二三26参照）。クレネ人ルキオ。クレネは北アフリカにある。著者ルカとは別人。国主ヘロデの乳兄弟マナエン。イエスの公生涯の時のヘロデ王（ヘロデ・アンティパス）とともに、ガリラヤ領主の宮廷で育った人である。

サウロ。元パリサイ派に属するラビで熱心な迫害者だったが、ダマスコ郊外で主イエスに出会い、最も熱心な伝道者となる（九1〜25）。バルナバに紹介されてエルサレムの使徒たちに会い、その後故郷タルソに帰る（九26〜30）が、バルナバによってアンテオケに招かれる（一一25〜26）。

これだけでも十分多様であるが、元々バルナバが来る前からギリシア人に伝道していたから（一一20）、当然教会にはユダヤ人もギリシア人もいた。それらの人たちが、キリストにあって一つとなって奉仕し、礼拝していた（ガラテヤ三28参照）。宣教のダイナミズムは、宣教する人々の多様性から生まれる。多種多様な人々が協力する教会は、多種多様な人々を受け入れ、多種多様な人々に伝道することができる。

二、礼拝する教会（2節）

アンテオケの教会は、主を礼拝していた（2節）。

どんな教会でも礼拝はするが、アンテオケ教会の礼拝には以下のような特色があった。

彼らは、「主」を礼拝していた。「主」はキリストのこと。彼らは、自分たちのために死んでよみがえり、聖霊によって臨在する主を礼拝した。

彼らの礼拝は断食を伴った。それは祈りに集中していたということ。主の御声を聞き、御心を求めていたのである。アンテオケの教会は、祈る教会であった（3節も参照）。

彼らは礼拝で聖霊の声を聞いた。預言者・教師たちが語るメッセージや教えから聖霊の声を聞いたのであろう。もちろんそれは、聖霊によって臨在するキリストを主と仰いで礼拝し、心から祈って御声を聞いたからである。そのように礼拝して宣教するとき、宣教は聖霊主導となる。バルナバとサウロは、聖霊に遣わされて出て行く（4節）。

心を主に向けて礼拝するときに、聖霊に満たされ、すべての人を愛される主の愛に満たされ、救いの喜びが溢れ、主の御心が私たちにも与えられる。主を賛美し、主に祈り、御声を聞き、祈り合い、そして聖霊に満たされて出て行く。これが礼拝ではないか。

三、派遣する教会（3節）

アンテオケの教会は、宣教者を派遣する教会であった。

もちろん、彼らはただバルナバとサウロを送り出したのではない。「断食と祈りをして、ふたりの上に手を置いてから、送り出した」（3節）。手を置くことは、旧約以来、祝福の付与、動物犠牲との罪の共有、任職の際の力や賜物の分与などを意味した。手を置く人と置かれる人は、ひとつなのである。つまり、アンテオケの教会の人々は、バルナバとサウロの働きは自分たち皆の働きと考えたのである。彼らの宣教は、アンテオケ教会の宣教であった。アンテオケ教会の派遣は、そのような派遣だったのである。

では、アンテオケ教会は、どのようにバルナバとサウロに協力したのか。まず彼らは、バルナバとサウロのために祈った（3節）。また、明記されないが、献金して彼らの旅行費用をサポートしたのは間違いあるまい。

祈り合い、支え合うならば、私たちの宣教活動も周囲を変える働きとなっていく。

――二〇一〇年九月二十六日　主日礼拝

聖霊による伝道〔魔術師エルマとの対決〕　使徒一三4〜12

「ふたりは聖霊に遣わされて、セルキヤに下り、そこから船でキプロスに渡った。」
（一三4 新改訳三版）

アンテオケの教会から、バルナバとパウロ（9節でユダヤ名のサウロからローマ名のパウロと呼ばれるようになる）は伝道へと派遣された。セルキヤから船でキプロスに渡り、第一次伝道旅行が始まる（4節）。

キプロスではユダヤ人の会堂で伝道し、総督セルギオ・パウロに招かれて伝道する。セルギオ・パウロがバルナバとパウロの話を聞こうとしたのは、多分彼らのユダヤ教会堂を巡回しての伝道が注目に価する成果を上げたからであろう。その過程でバルイエス（エルマ）という魔術師と対決する。バルイエスに主の審判が下り、セルギオ・パウロは信仰に入る。これがキプロス伝道のあらましである。

彼らは、「聖霊に遣わされ」て出て行った（4節）。それらの一連の伝道活動は、すべて聖霊の導きのもとにあった（9節も参照）。もちろん、後に続く第二次、第三次伝道旅行も同様である。人が救われる伝道の秘訣は、聖霊である。聖霊の導きのもと、聖霊の力によって伝道するときに、聖霊の働きによって人は救われる。その聖霊の指導のもと、パウロとバルナバはどんな伝道を展開したのであろうか。人が救われる伝道の秘訣を、彼らのキプロス伝道から学びたい。

一、伝道の方策を持つ（4〜5節）

キプロス伝道成功の秘訣の第一は、彼らが伝道の方策を持っていたことである。

バルナバとパウロは、最初の伝道地としてキプロスをめざした（4節）。それは、ほとんど間違いなくバルナバの故郷だったからである（四36）。もちろん聖霊はどんな形でも伝道を導くが、つながりを通して導くことも多い。さらに彼らは、まずユダヤ教の諸会堂で福音を宣べ伝え始めた（5節）。これは、パウロが回心直後からダマスコで行い、第二、第三の伝道旅行でも常に行ったことである。

何らかの有効な伝道方法を持つことは大切である。家庭集会、訪問伝道、スポーツ伝道等々。教会の戦略だけでなく、個人伝道にも戦略はある。例えば、私は人に会って名前を聞くと「清和源氏の名字ですね」とか、出身地の名産品の話をしたり、その地方の歴史の話をしたりする。滞米中にそのようにして話した人の中には、洗礼を受け、今は日本で教会の奏楽や日曜学校奉仕をしている人もいる。

二、悪魔のわざと対決する（6～11節）

キプロス伝道成功の秘訣の第二は、パウロとバルナバが悪魔のわざを行う人とはっきり対決したことである。魔術師エルマ（バルイエス）との対決である。

もちろん、誰にでも対決的に行けば良いわけではない。人が違えば扱い方も当然違う。しかし、悪魔の働きを容認しない姿勢は、どんな場合でも必要である。

魔術師エルマは、悪魔的なことを行っていた。彼の罪は、まずユダヤ人だったのに魔術師だったことである（6節）。神を信じるユダヤ人には、神の領域を侵す魔術や占いの類は禁じられていたはずである。

さらには、セルギオ・パウロが福音を聞こうとするのに、反対して邪魔をしたことである（8節）。どのように反対したかは書かれていないが、誹謗中傷したのであろう。その動機は、総督付の魔術師という地位を守ろうとする私利私欲であり（7節）、かつてのパウロのような間違った確信による反対などではなかった。

よく学びもしないで聖書を否定して伝道を妨げる人や、イエス・キリストが神の子・救い主と信じない異端、虚偽の誹謗中傷などは容認できない。対処には知恵が必要だが、何らかの形で対決していかなければならない。罪は罪である。パウロは、それをはっきり指摘している。いきなり対決できない場合も多いが、よく祈り、知恵の限りを尽くして、福音を否定するものと対決しなければならない。

三、聖霊によって働く（9～11節）

キプロス伝道成功の秘訣の第三は、彼らが聖霊によって働いたことである。

パウロは、魔術師エルマの罪を厳しく指摘し（10節）、審判を告げる（11節）。パウロの魔術師エルマへの叱責は厳しい。しかしそれは、怒りに任せてのことではなく、聖霊に満たされて語ったことである（9節）。

パウロの宣告通り、エルマの上には審判が下り、彼の目は見えなくなった（11節）。しかし、それはエルマを悔い改めに導くためと思われる。パウロ自身、キリストに出会って目が見えなくなり、悔い改めて洗礼を受けた（九章）。パウロは、自分と同じように悔い改めることを期待してその宣告をしたのではないか。

エルマの上にあったのは、「主の御手」である。さらには、パウロは「しばらくの間……」と言う。神の裁きは一時的で、悔い改めに至らせるためと見てよかろう。魔術師エルマが悔い改めたかどうかはわからない。しかし、主が彼のためにも十字架にかかられたこと、彼の悔い改めを願っておられたことは間違いない。

苦しい経験、悲しい経験を通してキリストを求め、救いに導かれた人は数限りなくいる。主は、御自身には苦しむ理由がないのに、私たちの罪のために十字架で苦しんでくださった。その主が、私たちに苦しいところを通らせて、私たちの罪を示し、悔い改めに導き、御自身へと引き寄せてくださる。

——二〇一〇年十月十日　主日礼拝

約束された救い主イエス〔ピシデヤのアンテオケ①〕　使徒一三13〜26

「兄弟の方々、アブラハムの子孫の方々、ならびに皆さんの中で神を恐れかしこむ方々。この救いのことばは、私たちに送られているのです。」（一三26 新改訳三版）

私たちは、かねてより信用できる人から紹介され、約束されていた人は、信用して喜んで迎える。イエス・キリストも同様である。旧約時代から長きにわたって預言され、約束されていたことも、イエスが救い主だと信じる根拠の一つである。

パウロたちは、キプロスのパポスからペルガに渡る。そこでヨハネ（マルコ）はエルサレムに帰ってしまう（13節）。その理由は不明だが、第二次伝道旅行に出る時、マルコの随行を巡って、パウロとバルナバが大激論し、ついに袂を分かっている（一五36以下）。相当深刻な理由があったと思われる。

パウロとバルナバは、さらに進んでピシデヤのアンテオケに至り、安息日にユダヤ教会堂に入った（14節）。彼らはそこで勧めのことばを求められる（15節）。地方の会堂では、訪問した教師が奨励を求められることは珍しくなかった。そこでパウロが語り出す。

16～41節のパウロの説教は、①キリストの準備・約束（16～22節）、②イエスにおける約束の成就（23～37節）、③イエス・キリストを信じる勧め（38～41節）に区分することができる。しかしここでは、旧約からバプテスマのヨハネまでのイエス以前（16～26節）、それ以後（27～41節）の二つに分けて扱いたい。

16～26節の区切りとなっているは、旧約部分をしめくくる23節と、26節である。要するに、旧約とヨハネを通して与えられた救い主の約束は、イエスにおいて成就したということである。26節で、パウロは「兄弟の方々、アブラハムの子孫の方々、ならびに神を恐れかしこむ方々……」と、割礼を受けて改宗した異邦人、ユダヤ人、改宗してないが神を信じ、礼拝する異邦人、つまり、そこにいたすべてを含む呼びかけ方をする。イエス・キリストは、すべての人に約束され、すべての人のために来られた救い主だからである。

イエス・キリストは、長い旧約の歴史を通して神に約束されて、すべての人のために来られた救い主である。だから、すべての人が信じる必要があるのである。イエスこそが、①カナン取得を通して準備された救い主、②ダビデの子孫として約束された救い主、③ヨハネによって予告された救い主である。

一、カナン取得を通して準備された救い主（17～19節）

イエス・キリストは、まずカナン取得を通して準備された救い主である。17節から23節は、出エジプト・カナン取得とダビデ王までの時代を述べているが、特に17節から19節までは、出エジプトとカナン取得までについて述べている。出エジプト・土地取得とダビデ王国は、ユダヤ教の信仰告白の主要な二項目だと言われる。ユダヤ教のラビであったパウロは、それに沿って語っていると思われる。

神の民の確立は、救い主を来たらせるためにまず必要であった。アブラハムとその子孫が選ばれ、出エジプトして律法を与えられ、カナンに定着したのは、キリスト来臨の準備の第一歩であった。出エジプトから約千五百年にわたる遠大な計画である。

出エジプトによって明らかになったのは、律法を与えられた神の民といえども罪深く、つぶやき、偶像礼拝をしたということである。そのこと自体が、律法を超えた救いの必要を示している。イエス・キリストは、そのような罪深い人間を救うために来られた。

二、ダビデの子孫として約束された救い主（20〜23節）

イエス・キリストは、ダビデの子孫として約束された救い主である。

ダビデ王は、イスラエルを当時の最強国にまでした、心から神を信じる名君であった。臣下の勇士ウリヤの妻であったバテ・シェバを奪い、ウリヤを戦死させるという大きな罪も犯したが、それを心から悔い改め、罪を赦される恵みを知った王であった。それで神は、彼の王国がとこしえに続くことを約束された（Ⅱサムエル七12〜16）。

イエスはダビデの子孫として生まれ、その約束を成就した（23節、マタイ一1以下）。メシアの称号の一つは「ダビデの子」であり、イエスもそのように人々に呼ばれた。

出エジプトの時に、神の民イスラエルはその罪深さを露呈したが、ダビデは、王座からすべり下りて罪を悔い改めた。罪を悔いるすべての人を赦すために約束されて、イエス・キリストは来られた。

三、ヨハネによって予告された救い主（24〜26節）

イエス・キリストは、バプテスマのヨハネに予告されて来られた。これは、救い主の最後の約束であり準備である。

ヨハネは、救い主をお迎えするために、イスラエルに悔い改めを説き、多くの人々に悔い改めのバプテスマを授け、多くの弟子たちがいた。そして、イエスがおいでになると、この方こそ救い主だと弟子たちに告げ、ペテロ、アンデレ、ヤコブ、ヨハネ、ナタナエルなどがイエスについて行った。

罪が現れ、その罪を悔いるだけでなく、救い主に赦しを求める人々のために約束されて、イエス・キリストは来られたのである。

テキサスで救われたビジネスマン（現在牧師）に日本で再会した際、なぜ信じたのか聞いた。「ビジネスの世界で生きてきて、いろいろやりましたが、そんな私の罪でさえ赦されることが嬉しかったのです」という答が返ってきた。キリストは、すべての悔い改める罪人を救うために来られたのである。

――二〇一〇年十月二十四日　主日礼拝

イエスこそ救い主〔ピシデヤのアンテオケ②〕　使徒一三27〜41

「ですから、兄弟たち。あなたがたに罪の赦しが宣べられているのはこの方によるということを、よく知っておいてください。モーセの律法によっては解放されることのできなかったすべての点について、信じる者はみな、この方によって、解放されるのです。」

（一三38〜39 新改訳三版）

罪の赦しは、福音の核心であり、救いの中心である。罪の赦しがあってこそ義と認められ、新しく生まれ、神の子の身分を与えられ、永遠のいのちが与えられる。

パウロはイエス以前の歴史における救い主の約束を語ったが（16〜26節）、27〜41節でイエスにおける約束の成就と、イエスを信じる勧めを語る。

使徒の働きやパウロの手紙などに見られる使徒たちの宣教のメッセージには、三つの要素があると言われる。それは、①イエスにおける旧約の成就、②イエス・キリストによる救い（十字架・復活、聖霊の注ぎ、再臨等）、③悔い改めと信仰の勧めである。それは、イエス御自身の福音、「時が満ち、神の国は近くなった。悔い改めて福音を信じなさい」（マルコ一15）と同じ構造を持っている。

パウロのピシデヤのアンテオケにおける説教も同じ要素を含んでいる。26節まではイエス以前のイスラエルの歴史における約束が語られたが、27節からはイエスにおける具体的な預言の成就、イエスの十字架・復活などが語られる。そして、最後にイエスを信じる勧め（38〜39節）と警告（40〜41節）が語られる。

38〜39節はパウロの説教の結論である。罪の赦しが与えられるのは、イエス・キリストによる（38節）。イエスを信じる者は皆、律法では義とされ得なかった罪の責めから解放されるのである（39節）。イエスこそ罪を赦す本当の救い主である。だから、信じなければならないのである。では、なぜイエスが本当の救い主なのか。それはイエスが、①預言を成就した救い主、②十字架で死なれた救い主、③復活された救い主だからである。

一、預言を成就した救い主（27、29、33、34、35節）

イエスこそ、長い旧約聖書を通して預言されてきた預言を成就した救い主である。パウロは、すでに旧約時代からキリストが約束されてきたことを述べたが、イエスこそがその約束の預言を成就したお方である（27、29節）。

パウロは、さらに具体的な預言のみことばを挙げて、イエスによる預言の成就を示す（33節↓詩篇二7、34↓イザヤ五五3、35節↓詩篇一六10）。41節は、ハバクク書一章5節の引用で、信じない人々への警告である。

イエス・キリストによる救いは、神の永遠の御計画であった。このお方こそ、神が約束され、お立てになった救い主である。だから信じなければならないのである。

二、十字架で死なれた救い主（27〜29節）

イエスこそ、人々の罪を負って十字架で死なれた救い主である。

エルサレムの宗教的指導者たちは、イエスを罪に定めた（27節）。そして、ピラトに強要して罪のないお方を死罪に処した（28節）。そしてイエスは葬られた（29節）。

Iコリント一五章3節以下に、福音の要約がある。そこには、「キリストは……私たちの罪のために死なれた」（3節）と明言されている。本箇所では、パウロはイエスの贖罪を明確に述べていない。それは、聴衆の多くがユダヤ人であり、十字架から二〇年たっていない頃で、中には過越しの祭でエルサレムに上り、イエスの十字架を直接見聞きした人々がいた可能性があったからであろう。そうであれば、彼らもまた、イエスを直接十字架につけたユダヤ人であった。それで、説明よりも事実をまず述べたのであろう。いずれにせよ、この説教は、要点のみを要約したものである。パウロがイエスの十字架がすべての人の罪を負ったものとして宣べ伝えていたのは間違いないことである。

罪の赦しは、罪のない人が罪の刑罰を負って初めて成り立つ。イエス・キリストだけが、人の罪を負うことのできるお方であり、十字架で実際に刑罰を受けてくださった。あとは、「カルバリの十字架わがためなり」と信じるのみである。

三、復活された救い主（30〜31節）

イエスは死んでよみがえられた救い主である。復活は、イエスが罪なき救い主であり、その贖罪が有効である最大の証拠。だから、このお方によって罪が赦され、救われる。

ところで、パウロが具体的な聖書箇所を引用して、イエスの預言を示しているのは、ほとんど復活に関するものである。もちろん、ユダヤ教では、今日に至るまでそれらの箇所をイエスの預言とは解釈しない。問題は、なぜそれらの箇所がイエスの預言と解釈されるようになったかである。言うまでもなく、イエスが復活されたからである。

復活されたイエスは、「幾日にもわたり……」弟子たちに現れた（31節）。そのイエスが、旧約聖書全体から、弟子たちにキリストの受難と復活を教えた（ルカ二四26〜27、44〜47）。弟子たちは、イエスの復活の事実と、イエスから受けた聖書解釈から、旧約聖書を再解釈したのである。空の墓、目撃者の存在、彼らの命がけの証言とともに、旧約のキリスト論的解釈もまた復活の一つの証拠と言えよう。

復活には、罪の赦しの保証と、永遠のいのちの保証がある。もはや、死はイエスを救い主と信じる人の人生を支配しないのである。私の恩師（牧師）の夫人は、四十代半ばで天に召された。最期のことばは「一番嬉しかったのは、教会でみんなと礼拝したこと、賛美したこと、説教を聞いたこと……。天国が見える……きれい……」というものであった。イエス・キリストこそ、罪を赦し、確かな永遠の希望を与える救い主である。

——二〇一〇年十一月二十一日　主日礼拝

信じる人・信じない人〔ピシデヤのアンテオケ③〕　使徒一三42〜52

「異邦人たちは、それを聞いて喜び、主のみことばを賛美した。そして、永遠のいのちに定められていた人たちは、みな、信仰に入った。こうして、主のみことばは、この地方全体に広まった。……弟子たちは喜びと聖霊に満たされていた。」（一三48〜49、52 新改訳三版）

政治の方針でも、宗教でも、どんなことでも、賛成、反対は付き物である。ピシデヤのアンテオケでも、パウロが福音を語ると、信じる人と信じない人が出てきた。

キプロスからピシデヤのアンテオケに来て、パウロはユダヤ教会堂の安息日礼拝でイエス・キリストの福音を語った（14〜41節）。すると、次の安息日にも同じことを話すように頼まれた（42節）。そこでパウロは、再び彼らに福音を語ろうとする（44節）。

本日の箇所は、パウロの宣教に対する人々の反応である。ある人々は信じ、ある人々は信じなかった。ユダヤ人にも、改宗者や神を敬う人々（＝異邦人）の間にも、信じる人と信じない人が出てきた（43、45、48、50節）。

信じた人々はどうなったか。一方、信じなかった人々はどうなったか。それが本日の説教の関心である。信仰と不信仰のそれぞれの結果は、対照的であった。それらを比較対照しながら、信じた人々にはどのようなすばらしい結果が伴ったかを見ていきたい。

私たちは、イエス・キリストを救い主として信じる。それは信じる者が、①神の恵み、②永遠のいのち、③聖霊の満たしを得るからである。

一、神の恵み（43節）

信じる者に与えられるのは、まず神の恵みである。

福音に捕らえられた人々に対して、パウロは、「いつまでも神の恵みにとどまっているように」と勧めた。彼らは、神の恵みを受けたのである。

神の恵みとは、神の好意であり、ただで与えられる賜物である。新約的には「罪人を救おうとする神の愛」である。それは、パウロが語ったように、十字架につけられ、よみがえられたイエス・キリストによって罪が赦されることであり（38節）、律法による義ではなく、イエス・キリストを信じる信仰による義である（39節）。彼らは、パウロのこの福音を受け入れ、罪の赦し、律法によらない信仰による義を得たのである。

救い主キリストの降誕も、誰かがすばらしかったから、神がキリストを生まれさせてくださったのではない。むしろイスラエルの歴史は正反対で、不信仰からバビロンに滅ぼされて国を失い（前五八六年）、ペルシアのクロス王によって解放され（前五三八年）、神殿を再建して熱心に神に仕えようとしても、結局は律法主義に陥って神との生きた交わりを失っていった。キリストは、神の民失格であることを徹底的に証明したようなイスラエルに生まれてくださった。しかも飼葉桶という最も貧しいところに……。私たちの救いは、一方的に神が提供された救いの道、イエス・キリストを信じることによる。

二、永遠のいのち（46節、48節）

信じる者に与えられるのは、次に、永遠のいのちである。

ユダヤ人たちは、ほとんど町中の人がパウロの説教を聞きに来たのをねたみ、口ぎたなくののしった（44～45節）。それに対して、パウロは、彼らは神のことばを拒み、自分自身を永遠のいのちにふさわしくない者と決めてしまったと言う（46節ａｂ）。そして、異邦人の方に向かう（46節ｃ～47節）。

それとは対照的に、異邦人は喜び、主のみことばを賛美し、「永遠のいのちに定められていた人たちは、みな、信仰に入った」（48節）。

「永遠のいのち」とは、文字通り永遠に続くいのちであるが、生まれながらの肉体の命とは違う。信じた時に神から与えられるいのち、救いである。イエス・キリストを信じて罪赦された者は、新しいいのちを持つ。そのいのちは、永遠に続く。

「永遠のいのちに定められていた……」という表現は予定説のように思えるが、ユダヤ人たちは、自分自身の意志で福音を拒み、永遠のいのちにふさわしくない者と決めてしまった（46節）。自分の意志で決断して信じることと、永遠のいのちに定められていることとは、表裏一体である。異邦人も、信じたから永遠のいのちを受けたのであり、信じたから永遠のいのちに定められていたことがわかったのである。

多くの異邦人が喜びをもって福音を信じて永遠のいのちを得たことは、イエス・キリストの福音がその地方全体に広まることへと進展した（48～49節）。ユダヤ人が拒否したために福音が広まったのは皮肉なことであるが、神の主権と深い摂理を思わざるを得ない。

三、聖霊の満たし（52節）

信じる者に与えられるのは、第三に、聖霊の満たしである。

パウロたちは、ユダヤ人たちに扇動された神を敬う貴婦人たちや町の有力者たちに迫害され、その地方から追い出された（50節）。そのようなピシデヤのアンテオケ伝道をしめくくるのは、「弟子たちは喜びと聖霊に満たされていた」（52節）という一節である。

ふつうなら、信仰に導いてくれた伝道者がその地方から追い出されてしまったら、少なくとも意気消沈する。しかし、ピシデヤのアンテオケで信仰に入った人たちは、「喜びと聖霊に満たされていた」（52節）。これが福音の力である（ローマ一16）。信じる者は、聖霊に満たされて、いつも主と共にいて、その喜びは絶えることがない。

中国の地下教会は知られているが、北朝鮮にさえ密かに信仰を守っている人たちがいると聞く。本当の救いは独裁者でも絶やすことができない。何ものにも揺るがされない神の臨在、内住のキリスト、絶えない喜びと平安、本当の救いを得る者でありたい。

——二〇一〇年十二月五日　主日礼拝

宣教の実際的方法〔イコニオム伝道〕　使徒一四1〜7

「それでも、ふたりは長らく滞在し、主によって大胆に語った。主は、彼らの手にしるしと不思議なわざを行なわせ、御恵みのことばの証明をされた。」（一四3 新改訳三版）

新年聖会も祝福のうちに行われ、神に愛される者として励ましを受けた。本日から**使徒の働き**のメッセージに戻り、神の愛を人々に分かつ伝道の方法について考えたい。

第一次伝道旅行で、キプロス、ピシデヤのアンテオケと進んで来たパウロとバルナバは、イコニオムへと進む。それは、迫害によって追い出された結果でもあった（一三50）。一四章では、イコニオム、ルステラ、デルベへと進んで行く。イコニオムは、ルカが示すように、ルカオニヤ地方ではなく、正確にはフルギヤの端にあった（6節）。今回は、そのイコニオムの伝道から学びたい。

もちろん、イコニオムでも多くの伝道の成果が上がった（1、3節）。それは、町がユダヤ人支持派と使徒たちの支持派に二分されるほどの影響力があった（4節）。パウロとバルナバは、ある期間イコニオムに腰を据えて伝道したようだが（3節）、長くて数カ月であろう。（第一次伝道旅行は、他の出来事の年代や、当時の航海の季節などを考慮すると、四七年春から四八年秋ぐらいまでと考えられる。）

イコニオム伝道の様子は、パウロの説教の概要を記すピシデヤのアンテオケの報告に比べて、要約的に記録されている。しかし、それゆえにこそ、パウロとバルナバの伝道の要点がわかりやすいとも言える。

そこで、人々を効果的にキリストに導く方法は何であるかを、このイコニオム伝道から学びたい。私たちも宣教の成果を上げることができる。それは、①宣教の方策を持つことによって、②ことばとわざによって、③反対への対処によってである。

一、宣教の方策を持つこと（1節）

パウロとバルナバに見る宣教の秘訣は、まず、彼らが方策を持っていたことである。つまり、自分の伝道スタイルを持っていた、ということである。

その方策とは、キプロスでも（一三5）、ピシデヤのアンテオケでも行われたことであるが

（一三14〜16）、新しい伝道地に入ったら、まずユダヤ教会堂を訪ね、そこでユダヤ教ラビとして説教することである。それは、パウロが回心直後から行ったことでもあり（九20）、多分生れ故郷タルソ周辺でも行っていたと思われる（九30、一一25、一五41参照）。バルナバと二人で編み出した方策と言うよりは、多分パウロが持っていた効果的な伝道方策だったと思われる。

もちろん、教会員は宣教師でも牧師でもないが、自分の個性を生かした伝道スタイルを持つことは助けとなる。それは難しいことではない。自分が今すぐできることをするのである。元々ユダヤ教の教師、律法学者だったパウロが会堂で説教したように。

二、ことばとわざ（1、3節）

パウロとバルナバに見る第二の伝道の秘訣は、メッセージを語ることと、しるしと不思議なわざ、すなわち「ことばとわざ」が揃っていたことである。「しるしと不思議なわざ」は、「御恵みのことば」＝福音を証明するものであった（3節）。これらは一対のセットで、どちらが欠けても片手落ちである。

当然、伝道にはことばが必要である。福音を示す聖書のことばがあり、それを説明することば、そして、それを証しすることばなどがある。キリスト者は、福音を説明する準備をしておかなければならない（Iペテロ三15）。「神・罪・救い」を、適切な聖書箇所を開きながら説明する訓練が必要である。

さらに、パウロとバルナバはしるしと不思議なわざを行い、福音のメッセージが本物であることを証明した。これは、必ずしも奇蹟を行うことではない。福音が本物であることを証明するものは、すべて「しるし」である。従って、救われ、変えられた自分自身やその証しもしるしである。だれかのために祈ってあげて、その祈りが答えられることもしるしとなる。愛、赦し、寛容、忍耐などのキリスト者の徳も、もちろん神が人を救いきよめるしるしである。

三、反対への対処（6～7節）

パウロとバルナバが示す秘訣の第三は、反対（彼らの場合は身に危険のある迫害）への対処である。これは、直接伝道に関わらないようにも思えるが、重要なことである。

迫害に対して彼らがしたことは、無用な難を避けることである（6節）。それは、ピシデヤのアンテオケでも同様であった（一三50～51）。

しかし、彼らはただ逃れただけではなかった。逃れた所で、さらに福音の宣教を続けた（7節）。パウロもバルナバも、命が惜しくて逃れたのではない。パウロは、後にネロ皇帝の迫害の中で殉教している。無用な難を避けたのは、神に与えられた福音宣教の目的を果たし続けるためであった。

イコニオムで大きな成果を上げたのも、ひとつには、そこにある程度長く滞在したからである（3節）。ことばやわざには個人差もあり、ある人の伝道は他の人の伝道よりうまく行く場合もある。しかし、継続はどんな方法にもまさる秘訣中の秘訣である。

今日の日本には危険な迫害はあまりないが、制約はある。政府や社会との無用な衝突を避ける知恵も必要である。長く続くこと自体が証しになる。百年、百五十年続いた教会を多くの人は信用する。個人としても、伝え続けたら、やがて信じる日が来るかもしれない。弱り果てることなく、キリストのいのちに溢れて宣べ伝えていきたい。

——二〇一一年一月十六日　主日礼拝

宣教者の資質〔ルステラ伝道〕　使徒一四8～20

「私たちも皆さんと同じ人間です。そして、あなたがたがこのようなむなしいことを捨てて、天と地と海とその中にあるすべてのものをお造りになった生ける神に立ち返るように、福音を宣べ伝えている者たちです。」（一四15 新改訳三版）

「伝道は人なり」と言われる。福音を宣べ伝えるには、神学、実践の学びや訓練も重要だが、最も重要なのは、伝道を担う器である。牧師・伝道者の育成も必要だが、すべての信仰者は福音を証しする器である。その育成は、牧師養成に劣らず重要である。

イコニオムから難を逃れたパウロとバルナバは、ルカオニヤ地方に入って行き、ルステラで伝道する。そこでは生まれつき足の悪い人が立ち上がる奇蹟があり（8～10節）、バルナバとパウロを神々の化身としていけにえをささげようとする騒動があり（11～18節）、ユダヤ人の扇動によってパウロが石打ちにされる事件があった（19～20節）。それらの出来事に見るのは、パウロとバルナバの宣教者としての優れた資質である。

確かに、私たちは彼らのような使徒ではなく、多くは牧師でも説教者でもない。しかし、良き宣教の器となるために彼らから学べることは数々ある。彼らが持っていた良き宣教者の資質とは、①霊的洞察力、②健全な自己認識、③不屈の精神である。

一、霊的洞察力（9節）

パウロとバルナバの優れた資質の第一は、霊的洞察力である。

生まれつきの足なえの癒やしにおいて、パウロは彼に「いやされる信仰があるのを見て」（9節）、立つように命じた（10節）。パウロは、彼が熱心に耳を傾けるさまを見て、彼の内に与えられた信仰を見抜いた。聖霊による洞察力であるのは言うまでもない。

「いやされる」は「救われる」とも訳せる（欄外別訳）。救いは全人格的なもので、新約聖書時代にはしばしば癒やしも伴った。別々に考える必要はない。従って、これは今日福音を伝えるタイミングを見抜く洞察力にも通じる。

聖霊による洞察力と言っても、人間は神ではない。聖霊に満たされて人を愛し、交わり、福音を伝える経験を積み重ねて会得されるものであろう。心を込めて福音を伝えるなら、しばしば相手の心の動きを感じ取れる。聖霊による愛は霊的洞察力の源である。
母親が赤ちゃんの泣き声で必要を察するように、霊の子どもを生み出す働きのために、神の愛に満たされて霊的な洞察力を身に着けたい。

二、自己認識（15節）

パウロとバルナバの優れた資質の第二は、健全な自己認識である。これは多分最も重要なもので、他の資質の根底をなすものである。

使徒たちは、「私たちも皆さんと同じ人間」という自己認識を持っていた。これは、「自分たちは神でない」という神の前のへりくだりである。天地創造の生けるまことの神を信じる彼らは、自分たちが神として拝まれることを許せなかった。私たちは自分の信者を作ってはならない。それはまた、異教徒に対するへりくだりである。ユダヤ人は異邦人を「犬」と呼んで軽蔑した。使徒たちは「皆さんと同じ人間」——。私たちは先に信じただけの者。未信者に対して「同じ人間」という敬意を忘れてはならない。

使徒たちはまた、「福音を宣べ伝えている者たち」という自己認識を持っていた。この自覚があったから、偶像礼拝の対象となることを回避するだけでなく、その機会を用いてすぐに福音を語れた（15b～17節）。それは自然啓示からの天地創造の神のメッセージで、聖書の知識が全くない人々には適切なものだった。もちろん、相手に合わせてメッセージを語るには訓練が必要だが、訓練や知識だけではこうはいかない。パウロとバルナバが異邦人の地で生れ育ったことも役立っていよう。しかし、福音宣教者の自覚がなければ、自分の経験や背景も生かされない。さらには、この自覚があったからこそ、彼らは、何度迫害に遭っても福音宣教をやめなかった。

世が求める愛のわざは多くあるが、私たちにしかできないのは永遠のいのちを伝えることである。必要なのは、世が感心することではなく、福音が伝わることである。

三、不屈の精神（20節）

パウロとバルナバの資質の第三は、不屈の宣教のスピリットである。

ルステラ伝道は、全くの異邦人に対するもので、多分会堂という手がかりもなく行われたが、一定の成果を上げた（20節、すでに弟子たちがいる）。

そこに、ピシデヤのアンテオケとイコニオムからユダヤ人たちが来て、群衆を抱き込んでパウロを石打ちにし、死んだものと思って町から引きずり出した（19節）。ところがパウロは立ち上がり、彼らがいる町に入って行く（20節）。そして、翌日デルベに向かい、そこでも福音を伝え、迫害された場所を次々に再訪し、弟子たちを励ます（21～23節）。バルナバも臆することなくパウロとともに行動する。まさに「不屈」である。

困難な中で伝道するのは大変であるが、私たちは自分のために命を捨ててくださったお方を宣べ伝えている。自分を捨てて十字架を負う姿は生きた証しである。パウロが「十字架につけられたイエス・キリストが、あなたがたの目の前に、あんなにはっきり示されたのに」（ガラテヤ三1）と言うのは、この石打ちのことだと言う人もいる。パウロが「イエスの焼き印」（ガラテヤ六17）と言うのは、この石打ちの傷あとかもしれない。

パウロの助手・伝道者テモテがこのルステラから出たのも（一六1）、パウロの生き方がもたらした結果であろう。若者が育ちにくい日本の教会――キリストの十字架を描き出す生き方でありたい。

――二〇一一年一月三十日　主日礼拝

実が残る伝道〔第一次伝道旅行の完了〕　使徒一四21～28

「弟子たちの心を強め、この信仰にしっかりとどまるように勧め、『私たちが神の国に入るには、多くの苦しみを経なければならない』と言った。また、彼らのために教会ごとに長老たちを選び、断食をして祈って後、彼らをその信じていた主にゆだねた。」

（一四22～23 新改訳三版）

信仰決心したら伝道の目的が果たされるではない。実が残ってこそ伝道したと言える。第一次伝道旅行は終盤を迎える。デルベ宣教を最後に（20b～21節a）、ルステラ、イコニオム、ピシデヤのアンテオケに戻っていく（21節b）。

実は、デルベから母教会のあるシリヤのアンテオケまでは、陸路で四八〇キロ足らず、十二日ほどの道のりだった。それでも使徒たちは、ルステラ、イコニオム、ピシデヤのアンテオケへと戻る。救われた人々のケアは、パウロの伝道戦略の一つと言える。

使徒たちが迫害され、追い出された地に戻れたのは、救われた人々を訪ねるためだったからであろう。それでも冒険ではある。母教会のアンテオケまで遠回りすることにもなる。それでも戻ったのは、確実に実が残ることが伝道のゴールだったからである。

永遠に残る実を結ぶためにこそ、私たちは伝道する（ヨハネ一五16）。パウロとバルナバは、歴史が証明するように、その実を残した。それでは、どのようにしたら伝道の実を残すことができるだろうか。それは、①励ましによって、②教会の整備・組織化によって、③主にゆだねることによって、④祈りによってである。

一、励まし（22節）

伝道の実が残るためには、まず救われた人たちを励ますことである。

パウロとバルナバの勧め（＝励まし）の内容は、「神の国に入るには、多くの苦難を経なければならない」であった。当時のユダヤ教の黙示的世界観では終末に患難時代があり、聖徒たちの苦難は終末の完成が近い証拠であった。そのような状況は、まさに迫害を受けているキリスト者にあてはまり、その忍耐の末に最後の救いがあることを確信させるものだった。キリストと苦難をともにする者は、栄光の共同相続人である（ローマ八17）。だから、この勧めは、何よりの励ましなのである。「十字架なくして栄光なし。」

人を救いに導こうとするあまり、信仰生活にこの世的な幸せが満ち溢れているような幻想を抱かせてはならない。さまざまな祝福もあるが、必ず反対や試練もある。「義のために迫害されている者は幸いです」（マタイ五10）。新約聖書時代のキリスト者たちは、迫害や困難だらけの中で永遠の希望による幸いを得ていたのである。

二、教会の整備・組織化（23節）

伝道の実が残るためには、教会を整備・組織化することである。

パウロは教会ごとに長老たちを選んで任命した。礼拝、交わり、教育、伝道牧会等、キリストの教会としていのちに溢れた働きを続ける態勢が整えられたのである。

ここで「選び」と訳されていることば（ケイロトネオー）は、「手を挙げて選ぶ」こと。会衆の挙手で選挙したか、主のため、教会のために喜んで志願する人を立てたのであろう。生まれて間もない小さな教会の指導者は、喜んで主と教会のために働く人、教会に信頼されている人が選ばれ、立てられた。今日の指導者、奉仕者にも重要な資質である。

もちろん、それは人間の意志で選んだということではない。すべてはキリストの臨在の中で行われた。パウロとバルナバは、選ばれた長老たちのために教会とともに断食して祈る。詳述されないが、聖霊の傾注を求めて按手もしたと思われる（六6参照）。

救われた人々は教会で養われる必要がある。産み捨てではいけない。そのために、態勢が整えられていなければならない。

三、主にゆだねる（23節）

伝道の実が残るためには、救われた人々を主にゆだねることである。

パウロとバルナバは、自分たちが宣べ伝え、彼らが信じた主にゆだねた。人々にしっかりと信仰を持たせてこそ、彼らを主にゆだねることができる。

また、パウロとバルナバ自身、神の恵みにゆだねられた（26節）。そして、初めての伝道旅行で数々の迫害や試練から守られ、帰途に就こうとしていた。つまり、主にゆだねられることを身をもって体験し、その主に生まれたばかりの教会をゆだねたのである。

しっかりと主を信じさせ、適切な励ましを与え、長老を立てて、パウロとバルナバは手を尽くした。「主にゆだねる」と称して無責任に手を放してはいけない。本人の信仰を確認し、主がお働きになる準備を十分にしてから、手を放して主にゆだねるのである。

四、祈り（27節）

伝道の実が残るためには、祈ることである。主にゆだねるとは、祈ることである。アンテオケに帰ったパウロとバルナバは、伝道旅行における主のみわざを報告した（27節）。それは、教会と共に主をあがめ、感謝するため、かつ新しく生まれた諸教会を、祈り支えるための報告であった。パウロは、自分が築いた諸教会のために日々祈った。パウロとバルナバを祈って支えたアンテオケ教会も、当然それらの教会のために祈ったであろう。新しい信者が自立した信仰を持つまで祈って、伝道は完結する。

パウロの宣教戦略の一つは、回心者のケアであった。第二次伝道旅行でも、先に生み出した諸教会を訪問して励ましてから足を延ばして伝道する。ここに、彼の伝道の実が残り、今日まで実を結び続けてきた秘訣がある。

――二〇一一年二月十三日　主日礼拝

律法か信仰か〔エルサレム会議①〕　使徒一五1〜11

「私たちが主イエスの恵みによって救われたことを私たちは信じますが、あの人たちもそうなのです。」（一五11 新改訳三版）

福音の中心メッセージは、イエス・キリストを信じる者はすべて救われるということである。それは行いによらず、恵みにより、信仰による（エペソ二8〜9）。

使徒の働き一五章は、大半がエルサレム会議とその顛末に割かれる（1〜35節）。エルサレム会議は最初の教会会議であり、前後の出来事から四九年に行われたと推定される。

ことの発端は、ユダヤからアンテオケに下って来た人々が、モーセの律法に従って割礼を受けなければ救われないと教えたことである（1節）。彼らはパリサイ派から信者になった人々だった（5節＝ユダヤ主義者）。割礼は、神の契約の民に加えられる儀式（創世記一七10〜14）。異邦人にもユダヤ人と同じ経路を辿らせようとしたのである。

当然、救いは主イエスを信じる信仰による（一三38～39）と教えるパウロとバルナバとの衝突は避けられなかった。これはアンテオケ教会のみならず、世界に広がりつつあったキリスト教会全体の危機であった。そこで、この問題について話し合うため、パウロとバルナバはエルサレムに上る（2節）。パウロとバルナバは、途中フェニキヤ、サマリヤの教会に異邦人の救いを報告し、大きな喜びをもたらすが、エルサレムで同様の報告をすると、ユダヤ主義者たちから反対を受けた（3～5節）。こうしてエルサレム会議が始まる（6節以下）。

ルカは、ペテロの発言（6～11節）、バルナバとパウロの報告（12節）、ヤコブの発言（13～21節）、決議事項（22～29節）、その伝達（30～35節）を報告する。会議を決定づけたのはペテロの発言である。ペテロは、自ら導いたコルネリオの事例（一〇章）から、異邦人たちも信仰により、主イエスの恵みによって救われると主張する。

救いの条件に、信仰以外の何をつけ加えても、それは恵みではなくなる。神の恵みはただ受け取るしかない。私たちは、イエス・キリストの恵みにより、信仰によって救われる。その証拠は、①神のあかし（8節）、②異邦人の心のきよめ（9節）、③ユダヤ人の救い（10～11節）である。

一、神のあかし（8節）

第一の信仰による救いの証拠は、神のあかしである。コルネリオの回心で、神は聖霊を与えてその救いを明らかにされた（一〇44〜46）。異言や賛美は聖霊が降った証拠となった。そこでペテロは、彼らにバプテスマを命じる。ペテロとともにいたユダヤ人信者たちも反論できない救いが起こったからである。この事実は、後に異論を持つエルサレム教会の兄弟たちをも沈黙させた（一一15〜18）。

当時新約聖書は書かれておらず、聖霊が与えられたしるしが必要だった。今は聖書から聖霊について知ることができる。当時ほど聖霊のしるしが必要ではないが、聖霊は今も救いのために働いておられる。信仰告白も聖霊のしるしである（Ｉコリント一二3）。

もちろんそれだけでなく、聖霊の働きによって救われた者は、当然その人生に変化がある。心が愛に満たされ、喜びに溢れ、平安に満ちる。聖霊によって信仰告白に至り、救われた人は、聖霊によって造り変えられる。それが神のあかしである。

二、異邦人の心のきよめ（9節）

第二の信仰による救いの証拠は、異邦人も信仰によって心をきよめられたことである。「きよめてくださった」に用いられている動詞カサリゾーは、「聖別する」という意味のハギアゾーに対し、汚れ（穢れ）を清め、神に受け入れられるものとする意味合いである。言うまでもなく、罪に汚れた心が洗い清められたという意味でもあるが、コルネリオたちが「汚れている」とされた異邦人だったからでもあろう。ペテロが幻の中で聞いた神の声、「神がきよめた物を、きよくないと言ってはならない」（一〇15）ということばにも、カサリゾーと派生語カサロス（形容詞）が用いられている。

そのようなきよめに必要だったのはただ信仰であり、割礼も律法遵守も必要なかった。人を救いきよめる神の恵みは、ただ信仰によって受けられる。心が変えられるのは努力ではなく、主イエスへの信仰と、聖霊の働きによる。

三、ユダヤ人の救い（10～11節）

第三の信仰による救いの証拠は、ユダヤ人さえも律法によらず、異邦人同様に主イエスの恵みによって救われたことである。

ペテロは、ユダヤ人さえも律法を守り切れなかったことを指摘する（10節）。「くびき」は、律法を守る義務を意味する当時のユダヤ教の慣用表現である。確かに、出エジプトの時神から律法を受けて以来、イスラエルが律法を十分に守れた時代などなかった。さらには、律法に言い伝え（ラビの解釈）が加えられ、新約聖書時代には六百十三もの戒律があったと言われる。通常「律法」と言うとき、それは言い伝えも含んだ。それは、ユダヤ人にも「負いきれないくびき」であった。

そしてペテロは、ユダヤ人である自分たちも、律法でなく、主イエスの恵みによって、すなわち、ただ主イエスを信じることによって救われたのであり、異邦人たちも同様であると言う（11節）。ペテロは、ここまでにも、「私たちに与えられたのと同じように」（8節）、「私たちと彼らとに何の差別もつけず」（9節）と、繰り返し神が異邦人を分け隔てされなかったことを述べている。ユダヤ人が恵みによって救われるなら、異邦人も同様である。恵みを恵みとして、福音を福音として伝え、受け止めるものでありたい。

——二〇一一年二月二十七日　主日礼拝

福音をすべての人に〔エルサレム会議②〕　使徒一五12～21

「そこで、私の判断では、神に立ち返る異邦人を悩ませてはいけません。ただ、偶像に供えて汚れた物と不品行と絞め殺した物と血とを避けるように書き送るべきだと思います。」
（一五19～20 新改訳三版）

パウロとバルナバの働きで多くの異邦人が救われたが、パリサイ派から信仰に入った者たちが異邦人信者に割礼と律法を守ることを要求したため、エルサレム会議に発展した（1～6節）。激論の後、ペテロが自自身の経験から、ユダヤ人と差別されることなく異邦人が恵みによって救われたことを語り、全会衆を沈黙させた（7～11節）。そして、バルナバとパウロが異邦人伝道の報告をし（12節）、ヤコブが語り始める（13節以下）。

ヤコブの発言は、ペテロの意見やバルナバとパウロの報告に新しい見解を加えるものではない。異邦人信者に割礼や律法を課してはいけない（19節）、偶像に供えて汚れた物、不品行、絞め殺した物と血とを避けてもらう、ということであった（20節）。20節の内容は、当時のユダヤ人が守っていた食物規定を守り、性的罪を避けることである。それは、言うまでもなくユダヤ人をつまずかせないためである（21節）。これについては後で詳しく述べるが、ヤコブの意見は、異邦人とユダヤ人双方に福音が宣べ伝えられ、どちらも救われるように配慮したものであったことを指摘しておきたい。

福音は、すべての信じる人を救う力がある（ローマ一16）。私たちは、その福音の力を妨げることなく、すべての人に福音が伝えられ、より多くの人が救われるような判断をしていきたい。ヤコブは、どのようにして、そのような健全な判断をすることができたのか。それは、①事実による判断（12、14節）、②みことばによる判断（15～18節）、③愛による判断（19～21節）をしたからである。

一、事実による判断（12、14節）

すべての人に福音が伝えられるような判断は、事実によってなされる。

ヤコブは、ペテロが述べたコルネリオたちの救い（14節）、パウロとバルナバの異邦人伝道（12節）などの事実から、キリストの恵みと信仰によって救われることを確認し、異邦人を割礼や律法で悩ませない判断をした。事実、彼らは聖霊が与えられ（8節）、信仰によって心がきよめられ（9節）、主イエスの恵みによって救われた（11節）。

私たちが、「この人は絶対救われない」などとどうして判断できるだろうか。福音がすべての人に届くように物事を判断したい。

二、みことばによる判断（15〜18節）

すべての人に福音が伝えられるような判断は、みことばによってなされる。

ヤコブは、異邦人が救われた事実をみことばで確認する（15節）。16〜18節はアモス書九章11〜12節の引用である。18節はイザヤ書四五章21節からとも考えられる。

「倒れたダビデの幕屋を建て直す……」（16節）は、神が新しいイスラエルである教会によって、神の民を完成されることを意味する。その新しい神の民は、すべての国民によって完成する（17節）。ペテロや、パウロとバルナバらの働きで多くの異邦人が救われることによって、このアモスの預言の成就が始まった。主イエスの恵みと信仰による異邦人の救いは、預言されていた神のみこころである。だから、彼らに割礼や律法を課してはいけないとヤコブは判断したのである（19節）。

人の救いを、そこに起こった現象だけで判断するのは危険を伴う。しかし、聖書のみことばによって判断するなら確かである。みことばを判断規準とするのは、信仰生活、教会生活のあらゆるところに必要であり、有益である。私たちの教会も、エルサレム会議のように、みことばに根差した意見によって動かされていくことを願う。

三、愛による判断（19～21節）

すべての人に福音が伝えられるような判断は、愛によってなされる。

それは、まず異邦人への配慮となって現れる（19節）。また、食物規定と不品行に関する提案は、明らかにユダヤ人に対する配慮である。

それは、まず未信者のユダヤ人に対しての配慮である。それはまた、信者となったユダヤ人に対してでもある。異邦人信者が、ある程度ユダヤ人の食物規定に従ってくれれば、食卓の交わり（愛餐）がより容易に持てるようになる。愛餐は、聖餐とともに守られた、当時の教会にとっては重要な信仰の一致を保つ交わりであった。また、ユダヤ人信者が食物のことでつまずいて教会から離れ、信仰までなくする危険も回避できる。

それは、元パリサイ派の信者に対しての配慮でもある。元々はこの人々が問題を起こした。後の異邦人教会への手紙で、「私たちからは何も指示を受けていないのに、いろいろなことを言ってあなたがたを動揺させ、あなたがたの心を乱した」(24節)と言われている。しかし注意深く見ると、ヤコブはバルナバとパウロの異邦人伝道の報告には一言も触れず、ペテロの発言のみに言及している(14節)。バルナバとパウロを高く評価しているのは明らかだが――(26節)。元パリサイ派の信者たちへの配慮であろう。

ヤコブの意見は、異邦人にもユダヤ人にも、問題を起こした張本人たちに対してさえも、深く配慮されたものであった。それは、信者・未信者を問わず、すべての人が福音によって救われ、福音につまずかず、いのちを得るようにとの愛の配慮からの判断であった。このような愛の判断は、恵みによって救われたクリスチャンにふさわしい。私たちの判断は、すべての人の益となり、救いとなるような福音的判断でありたい。

――二〇一一年三月二十七日　主日礼拝

神の導きによる決定〔エルサレム会議③〕　使徒一五22～35

「聖霊と私たちは、次のぜひ必要なことのほかは、あなたがたにその上、どんな重荷も負わせないことを決めました。」（一五28 新改訳三版）

教会総会のみならず、新年度を迎える前後は、個人も団体も、いろいろな意見、情報、条件などを比較検討して、さまざまな決定をする。

使徒一五章のエルサレム会議は、ペテロの発言、バルナバとパウロの報告、ヤコブの提言を経て決議へと向かい（22～29節）、決議事項がアンテオケ教会にもたらされる（30～35節）。

アンテオケを中心とする異邦人教会に宛てられた手紙（23～29節）は、基本的にはヤコブの提言そのままで、それに説明的なことばが加わったものだが、エルサレム教会は、ユダとシラスを手紙とともに遣わして、口頭でも同様の意向を伝えることに決定した（22、27、32節）。

そのような決定は、「聖霊と私たち」によってなされた（28節）。それは、聖霊と教会が同格で共同作業をしたという意味ではない。聖霊が先に述べられているように、聖霊が主であり、聖霊の導きに従いつつ、かつ主体的に決定をくだしたという意味である。

そこには、神の働きの事実が考慮され、みことばの裏づけが確認され、すべての人がつまずかず救われるようにとの福音的配慮がなされた。確かに、彼らは聖霊の導き、神のみこころに従って決定をくだしたのである。

私たちも、神のお働きの事実、みことば、福音の原則などに従って、聖霊の導きに従って大事な決定をくだしたい。それは聖霊による決定が、①誤りを正す決定、②福音の本質を守る決定、③励ましをもたらす決定だからである。

一、誤りを正す決定（24〜26節）

聖霊の導きによる決定は、誤りを正す決定である。

エルサレム教会からの手紙には、一部の者（ユダヤ主義者）が主張した割礼や律法遵守がエルサレム教会の意向ではなく、間違いであることが表現されている（24節）。「動揺させ」「心を乱した」などの表現で、彼らのしたことが誤りだったことが示される。

さらには、ユダヤ主義者の論敵であったバルナバとパウロを「愛するバルナバおよびパウロ」

と呼び、彼らの伝道活動を称賛し、彼らこそが真のキリストの伝道者であることも明らかにした（25～26節）。このように、エルサレム教会の決議は誤りを正すものであった。聖霊は、誤りを正す決定へと導いてくださる。

私たちは、よく祈り、考え抜いて結論を出したことでも、すぐに良い結果が出なかったりすると、間違いだったかも……と悩むこともあろう。しかし、聖霊に従い、みことば、福音の原則、状況に沿って決断したことは、聖霊が必ず正しい方向に導いてくださる。

二、福音の本質を守る決定（28～29節）

聖霊の導きによる決定は、福音の本質を守る決定である。

これは、前回のヤコブの提言（19～21節）の説明の繰り返しであるが、この決定は、まず異邦人に無用の重荷を負わせない決定であった（28節）。それは、キリストを信じた異邦人に割礼も律法遵守も不要であることの確認であった。当然それは、これからキリストを信じる異邦人も、信仰のみで信者として教会に受け入れられることを保証した。

また、それはユダヤ人をつまずかせない決定でもあった（29節）。キリストをまだ信じていないユダヤ人も、異邦人信者につまずくことなく、福音への抵抗が少なくなる。すでに信者となったユダヤ人にとっても、異邦人信者と同じ物を食べて愛餐を持ち、教会の一致を保つことができる。

「正しいこと」を主張するあまり人をつまずかせ、一致できなくし、救われそうな人を救われなくしてしまうのは、福音の本質、すべての人を救おうとされる神の愛と相容れない。キリストは、ユダヤ人のためにも、異邦人のためにも、死んでよみがえられた。聖霊に従ったエルサレム会議の決定は、確かに福音の本質を堅持するものであった。

三、励ましをもたらす決定（31〜32節）

聖霊の導きによる決定は、励ましをもたらす決定である。

エルサレム教会の手紙は、アンテオケ教会の人々に励ましを与えた（31節）。手紙に直接的な励ましのことばはないが、その内容が彼らを励まし、喜ばせたのであろう。

手紙は、最初に異邦人信者に対して、「兄弟」と呼んで挨拶をする（23節）。また、すでに述べたように、ユダヤ主義者たちの間違った主張を正し（24節）、バルナバとパウロへの愛と、その働き（アンテオケ教会の働きでもある）への称賛を表わしている（25〜26節）。また、「以上」という最後の挨拶の訳語は、上から目線、あるいは事務的に響いてしまうが、「ごきげんよう」「お元気で」「お幸せに」というような、親愛の情がある挨拶のことばである。さらには、手紙を携えて来たユダとシラスも、口頭でエルサレム教会の意向を伝え、多くのことばで兄弟たちを励まし、力づけた（32節）。

聖霊は、「助け主」（パラクレートス）と呼ばれる（ヨハネ一四16、26、一五26、一六7）。それは、慰め、励まし、弁護するお方という意味である。聖霊に導かれた決定は、人をキリストに近づけ、慰め、励ます。

私たちがくだす決断も、誤りが正され、人の救いや祝福につながり、励ましとなるものでありたい。聖霊に従い、みことばに沿い、福音の目的に沿い、神の実際のお働きに沿った、「聖霊と私たちは……決めました」という決定でありたい。

——二〇一一年四月十日　主日礼拝

すべてを最善に導く神〔マルコを巡る決裂〕　使徒一五36〜41

「そして激しい反目となり、その結果、互いに別行動をとることになって、バルナバはマルコを連れて、船でキプロスに渡って行った。パウロはシラスを選び、兄弟たちから主の恵みにゆだねられて出発した。」（一五39〜40 新改訳三版）

私たちは、神のため、人のため、最善を願う。しかしながら、願い通りに事は進まず、思わぬ問題が起こってくることもある。パウロとバルナバにおいても同様であった。

エルサレム会議の、ユダヤ人にも異邦人にも最善の決議を受けて、パウロは第一次伝道旅行で救われた人々を訪ねようと考えた（36節）。ところが、そのような良い計画であるのに、意見の違いから激しい反目となり、結局別々に伝道旅行に出るという結果になった（37〜41節）。しかしそれは、これから述べるように、神の最善の導きに至る。

私たちも、主のため、人のためと、信仰をもって考えていても、目的とは正反対の状況に陥ることも多い。しかし、私たちは最善をめざして、信仰をもって努力することを止めてはならない。神が、不完全な私たちの努力をも用いて、最善へと導いてくださるからである。パウロとバルナバの決裂を最善へと導いてくださった神の導きから学びたい。

一、パウロとバルナバの決裂

第二次伝道旅行に行こうとしたパウロとバルナバは、マルコを巡って激しい反目となった（39節a）。「激しい反目」とは、激しく感情をぶつけ合った大激論を意味する。

バルナバは、第一次伝道旅行と同様、マルコを助手として連れて行くつもりであった（37節）。しかしパウロは、途中で伝道旅行を放棄したような者は、連れて行かない方がよいと考えた（38節→一三13）。

多分バルナバは、「慰めの子」という意味の名が示すように、寛容な心で再び機会を与えようと考えたのであろう。マルコがいとこであったことも関係したかもしれない（後述）。一方パウロは、世界にキリストの救いをもたらす伝道旅行の重大な意味が誰よりもわかっていた。だから信頼できない者は連れて行けないと考えたのであろう。

バルナバはマルコのために良かれと考え、パウロは福音宣教のために良かれと考えた。どちらも最善を考えたからこそ大激論となり、結局彼らは決裂、バルナバはマルコを連れてキプロスに行き、パウロはシラスを選んで内陸部方面へと行った（39ｂ～41節）。

神を信じ、キリストにあって最善を求めていても、意見が食い違い、反目してしまうこともある。人間には限界がある。ルカは、淡々とその事実を書く。しかし、私たちの努力はむなしくない。そこに最善に導く神がおられる。

二、マルコの問題

二人の決裂の原因となったマルコの問題は、第一次伝道旅行の途中でエルサレムに帰ってしまったことである（一三13）。

マルコは、エルサレム教会の中心的な家庭に育った（一二12）。獄から解放されたペテロが行ったのは、マルコの母の家であった。ペテロもその家の集会に属していたのであろう。マルコは、早くからペテロに知られていた。

マルコはバルナバのいとこである（コロサイ四10）。マルコの母はバルナバの叔母。バルナバとサウロがエルサレム教会に飢饉の救援物資を届けた際（一一27～30）、彼らはマルコの家に泊まったようだ。彼らはマルコを連れてアンテオケに帰る（一二25）。そしてマルコは第一次伝道旅行に随行する（一三5）。多分、エルサレムでバルナバとサウロと交わり、彼らに影響されてアンテオケに来て、伝道旅行にも同行したのであろう。

マルコが離脱した理由は、さまざま推測される。①ホームシック。②厳しい伝道旅行に疲れた。③主導権がバルナバからパウロに移った不満。④バルナバの故郷のキプロス伝道だけに賛成していた。⑤福音、救い、異邦人伝道の理解が不十分で、異邦人伝道に反対して離脱した。多分⑤の可能性が一番大きいが、明らかなのは、マルコが自分の意志で離れ去ったことと、彼が伝道旅行の重大な意義をわかってなかったことである。38節では、背教・棄教に用いられる「離れる」が用いられる。離脱は彼の決断だった。

私たちも、事の重大さがわからず失敗することがある。しかしマルコは、主に従い、主のために働く心だけは持ち続けた。そのような者を神は見捨てず、最善へと導かれる。

三、神の最善の導き

人間がどれほど神のため、人のために良かれと思っても限界がある。しかし神は、それを超えて、それをも用いて、最善へと導いてくださる。

このけんか別れの結果、二つの伝道チームが生まれ、宣教範囲が拡大した。バルナバは、これ以後新約聖書から姿を消すが、キプロス伝道の後も伝道活動を続けたと思われる。パウロも、最善のパートナーを得た。シラスはエルサレム教会の信頼があり、ローマ市民でもあり（一六37）、ギリシア語も堪能であった（Ⅰペテロ五12）。

また、パウロとバルナバの間の対立はいつまでも続かず、この決別から約五年後、パウロはバルナバを同労者として語っている（Ⅰコリント九6）。

マルコもまた、最善へと導かれた。彼は、この後もパウロと交わりを持ち（コロサイ四10～11、ピレモン24）、パウロが全幅の信頼を置く伝道者へと成長した（Ⅱテモテ四11）。伝承によれば、後年ペテロの通訳者となり、マルコの福音書を書いた。

パウロもバルナバもマルコも、それぞれに主のために最善を尽くしていった。神は、汚点とも言える決裂をも用いて、彼らを最善へと導かれた。だから、私たちも神の最善の導きに信頼して、主のため、人のために、足りないながらも力を尽くしていきたい。

――二〇一一年五月二十二日　主日礼拝

キリストを証しする器〔パウロの助手テモテ〕　使徒一六1～5

「そこにテモテという弟子がいた。信者であるユダヤ婦人の子で、ギリシヤ人を父としていたが、ルステラとイコニオムとの兄弟たちの間で評判の良い人であった。」

（一六1b～2 新改訳三版）

今日は午後から父と母の集いがある。伝道について考えたいが、特に今日は、伝道を受け継ぎ、担っていく器について、みことばからメッセージを受けたい。

パウロはバルナバと決裂して、シラスとともに第二次伝道旅行に出た。その最初は、第一次伝道旅行でできた群れの再訪であり、それは当初からの目的であった（一五36）。

パウロとシラスはシリヤからキリキヤへと進み（一五41）、ルステラでテモテを伝道旅行に加える。デルベ、ルステラ、イコニオムなどは第一次伝道旅行の伝道地。テモテの祖母ロイスと母ユニケは、その時主を信じたと思われる（Ⅱテモテ一5）。

テモテがパウロとシラスの助手として加わり、諸教会を巡回した結果（4節）、諸教会は信仰を強められ、日ごとに人数を増して行った（5節）。

言うまでもなくテモテは、その後もパウロの信頼する助手、後継者として良い働きをし、Ⅰテモテ・Ⅱテモテ執筆の頃にはエペソの教会を任されている（Ⅰテモテ一3）。エペソの教会は、パウロがその第三次伝道旅行の大半を費やした教会であり、アジア州の伝道を中心的に担い、ヨハネの黙示録の時期には七つもの有力教会ができていた。黙示録を書いた使徒ヨハネも、晩年をエペソで過ごしたほどの教会となった。

宣教は、良い器によって前進する（5節）。このように、次代の宣教を担った器であるテモテは、どのような人だったのかを学びたい。宣教を可能にする器、信仰を受け継ぎ、人々に、次の世代に伝える器とは、どのような人か。それは、①指導者の信仰にならう器、②教会で評判の良い器、③教会外に向けて整えられた器である。

一、指導者の信仰にならう器（1節）

テモテは、指導者の信仰にならう器であった。

ルステラに住むテモテ一家に信仰が入ったのは、第一次伝道旅行の時であった。パウロとバルナバは、ピシデヤのアンテオケ、イコニオム、ルステラで迫害に耐えながら伝道した（一三～一四章）。特にテモテの出身地ルステラでは、パウロが石打ちに遭い、命の危険を伴った（一四19～20）。

テモテが直接パウロの伝道で救われたかどうかはわからない。最初に信じたのは祖母ロイス、母ユニケだったようである（Ⅱテモテ一5）。しかし、パウロの石打ち事件はテモテも早い時期から知っていた（Ⅱテモテ三10～11）。そのパウロに、テモテはどこまでもついて行った。テモテは、祖母・母から、またパウロから、信仰を受け継いだ。

信仰は、受け継がなければ伝えていくことはできない。それは、聖書解釈や教理を学ぶだけではない。その生きざまから学ぶことである。「神のみことばをあなたがたに話した指導者たちのことを、思い出しなさい。彼らの生活の結末をよく見て、その信仰にならいなさい。」（ヘブル一三7）。

二、教会で評判の良い器（2節）

テモテは、ルステラとイコニオムの兄弟たちに評判が良かった。

「評判の良い」は、直訳「証しされていた」。単に性格が良いとか、穏やかだとか、親切だとかいうのではなく、その信仰がすばらしいと証言されていたのである。

「兄弟たち」は「兄弟姉妹」を意味する集合的表現。女性も含めた教会の人たちである。テモテは、いろいろな人がいる教会で、積極的に評価されていたのである。

人の評価はさまざまで、人の目は時には間違えるが、信仰を持つ人々の多くが大きく外れた評価をすることは少ない。もちろん完全な人間はいない。しかし、信仰を同じくする人々の目が、不完全な中にも純粋なものがあるのを、完全に見落とすことは少ない。彼らのテモテへの評価は正しかった。私たちも、兄弟姉妹に信頼される器となり、伝道に用いられたい。また、そういう器を主の働きへと導いていきたい。

三、教会外に向けて整えられた器（3節）

テモテは、教会外に向けて立場を整えられた。教会外でも受け入れられる人は、伝道のために役立つことができる。

テモテの祖母や母はユダヤ人であったが、父はギリシア人であった（1節）。異邦人との結婚は律法が禁じていたが、離散のユダヤ人の間では多少緩やかだったかもしれない。テモテはまだ割礼を受けていなかったので、パウロは受けさせることにした。多分テモテの父が割礼を許さなかったが、この時父親は亡くなっていたと推察される。

　割礼は、ガラテヤ人への手紙を読んでもわかるように、救いのためには不要である。しかし、「その地方にいるユダヤ人の手前」と言われるように、ユダヤ教会堂にも出入りしてパウロを助けるために、宣教の便宜上割礼を受けさせたのである。要するに、ユダヤ人社会でもギリシア人社会でも、教会外の人々が受け入れやすいように立場を整えたのである。教会外の社会にも受け入れられるように整えられた器は、宣教に役立つ。

　パウロは、宣教のためなら、どんなことでもした（Ⅰコリント九20、23）。キリストを証しするために割礼を授けたパウロ、それを受けたテモテにならい、私たちも、伝道に役立つことならどんなことでもして、キリストを証しする器として整えられた者でありたい。また、私たち自身が整えられるとともに、テモテのような、次世代の伝道を担う、整えられた器を次々に生み出すような群れでありたい。

――二〇一一年六月五日　主日礼拝

導きを探る　使徒一六6～10

「パウロがこの幻を見たとき、私たちはただちにマケドニアに渡ることにした。彼らに福音を宣べ伝えるために、神が私たちを召しておられるのだと確信したからである。」

（一六10 新改訳２０１７）

年度末から新年度へと進んで行く時期になった。私たちの教会も、久保師から次の世代への過渡期にあると言える。（注、久保眞理主任牧師は二〇一八年十二月に召天された。）

導きを求めるとき、しばしば明確なみことばや確信がなかなか来ず、手探りのように進んで行くことがある。使徒の働き一六章のピリピ伝道に至るまでのプロセスは、そのような状態であった。しかし、そのようにして導かれた結果、大きな展開を迎えることになる。5節は要約のような節であるが、このような節が現れると、**使徒の働き**は大きな宣教の展開を見る。六章7節はステパノの迫害からサマリヤ宣教へ、九章31節はサウロの回心からペテロの異邦人伝道へ、一二章24節はアンティオキア教会の世界宣教へ、そして本節からは、使徒による宣教がヨーロッパに入る。

手探りで導きを求めるような時こそ、新しい大きな展開へと導かれる時と言える。パウロの伝道チームが、どのようにして導かれていったのかを学び、私たちへの導きをも探っていきたい。

一、禁止による導き（6〜8節）

パウロたちは、まず禁止によって導かれて行く。

まず、アジア（ローマ帝国行政区アジア州。今のトルコ辺り）でみことばを語ることを聖霊によって禁じられる。そこで、フリュギア・ガラテヤ地方を通って行く。ローマ行政区ガラテヤ州に隣接するフリュギア地方を通過したようである（6節）。

そして、ミシア（ムシヤ）近くから北方のビティニアに進もうとすると、「イエスの御霊」が許さなかったと言われる（7節）。それで、ミシアからトロアスへと進んで行く（8節）。

「聖霊によって禁じられた」とは、新約聖書がほとんど書かれていなかった時代であるから、聖霊による預言が与えられたのだと思われる。「イエスの御霊が……許されなかった」とは、幻か、祈りのうちにか、何らかの形で主イエスのことばだと明確にわかる語りかけがあったのであろう（使徒一八9〜10、Ⅱコリント一二8〜9等参照）。

それにしても、語るな、行くなと禁止されるばかりでは、どうすれば良いのかわからなかったであろう。パウロは、そんな時でも立ち止まらず、開かれている方向へと進んで行った。そこに彼の偉大さがある。

二、幻による導き（9節）

トロアスまで来て、やっと明確な導きが示される。マケドニア人の幻である。トロアスは、マケドニアを対岸に見る海辺の町。パウロが夜見た幻のマケドニア人は、「マケドニアに渡って来て、私たちを助けてください」と懇願する。

この幻は、何だったのであろうか。もちろん「幻」と言うのだから、空間に現れたか、パウロの瞼の裏に現れたか、とにかく幻なのだろう。ただ、その幻のきっかけが何であったか、学者たちは推測する。

大胆な学者は、マケドニアを対岸に見て、世界を征服したアレキサンダー大王を思い、世界宣教の幻を見たと想像する（W・バークレー）。別の学者は、これまで「彼ら」（6節）だった主語が、10節から「私たち」となることから、著者ルカが伝道旅行に加わったと見、ルカがマケドニア出身だったと推測する（W・ラムゼー）。ギリシア語を自在に操るルカは確かに異邦人だったが、元々アンティオキア教会にいたという説もある。しかし、ギリシア人ルカが旅行に加わったことで、世界宣教のヴィジョンが膨らんだことは十分考えられる。「私たち」という主語の変化は、強い根拠である。

いずれにしても、幻が神からのメッセージだったことが何より重要である。

三、総合判断による導き（10節）

最後に、見たいのは、パウロたちの「確信」である。

「……神が私たちを召しておられるのだと確信したからである」と言われる。「確信した」の原語スンビバゾーは、結び合わせる、比較して結論を結ぶ、という意味。つまり、ここまでの経緯を総合して判断すると、間違いなくマケドニア宣教へと導かれていると結論を出したのである。ケネス・カンツァー博士は、「与えられたみことば、状況、信頼できる先輩キリスト者の助言が一致したときは、迷わずまっすぐ進め」と言われたとのこと（小林和夫師談）。総合的判断である。

この結論は、言うまでもなくリディア、占いの女奴隷、ピリピの獄吏の救いというすばらしい結果を生んだ。そしてそれは、使徒の宣教がヨーロッパに到達したことでもあった。聖霊降臨の日に信じた人々の中にはローマの人々もいたから（二10）、福音はヨーロッパに入ってはいたが、主イエスが立てた使徒の宣教が、ここで初めてヨーロッパに入って行くのである。

さらには、ピリピはローマの植民都市、皇帝直轄地、いわば小ローマだった。**使徒の働き**一九章21節で明らかになるパウロのローマ行きのヴィジョンは、ピリピで抱いたものだったのであろう。ピリピへの導きは、宣教の一大飛躍への導きであった。

私たちの教会も、手探りは続く。しかし、そんな導きの向こうにこそ、大きな飛躍がある。開かれた道を進み、導きのままに歩んでいきたい。

――二〇二一年三月九日　祈祷会

伝道の可能性を開く主〔ピリピ伝道の開始〕　使徒一六11〜15

「リディアという名の女の人が聞いていた。ティアティラ市の紫布の商人で、神を敬う人であった。主は彼女の心を開いて、パウロの語ることに心を留めるようにされた。」
（一六14　新改訳2017）

パウロ一行は、幻を見たトロアスから船出してサモトラケに行き、ネアポリスで上陸し（11節）、ピリピに行った（12節）。トロアスから海を渡る時、パウロはすでにピリピめざしていたようで、サモトラケやネアポリスで伝道した様子はない。

このピリピは「マケドニアのこの地方の主要な都市」（12節）。それは、「マケドニアの第一区分（行政区）の都市」という意味であろう。マケドニアの王フィリポスにちなんで名づけられたピリピは、ローマ帝国の「植民都市」だった。ローマから植民され、イタリア並みの扱いをされるローマの直轄地、言わばローマの飛び地であった。

ピリピはそれほど大きな都市ではなく、ローマ属州マケドニアの主都はテサロニケで、ピリピは第一地区の主都ですらなかった（首都はアンピポリス）。テサロニケにはユダヤ人の会堂があったが（一七1）、ピリピに会堂はなかった（13節）。ピリピを東西に貫くエグナティア街道の長さは、約八百メートルに過ぎなかった。それでもパウロがまずピリピをめざしたのは、ローマの植民都市だったからであろう。パウロは、ローマ行きのビジョンをすでに持ち始めていたのではないか。その後パウロは、テサロニケ（アンピポリスは通過！）、ベレアと、ローマの方向に伝道を展開している。トロアスの幻は、使徒の宣教をローマへと展開していくビジョンでもあったと思われる。

また、ピリピ人への手紙から、彼らがパウロの宣教に早くから協力し（ピリピ四14～16）、パウロも格別な親しみを持っていたことが窺える。

そのピリピ伝道で、ルカは三つの救いを紹介する。リディア（新改訳三版：ルデヤ）と一家の救い（13～15節）、占いの女奴隷の救い（16～18節）、牢獄の看守と家族の救い（19～34節）である。これらを通じて多くのことを学べるが、特に伝道の可能性を主が開かれ、その開かれた道をパウロが進んで行ったところに着目したい。ここでは、リディアと一家のケースから学びたい。伝道の可能性を開いていったのは、①救われる人を求める宣教者の働き、②人の心を開く主の働き、③宣教の拠点が与えられたことである。

一、救われる人を求める宣教者（12〜13節）

ピリピに数日滞在したパウロたちは（12節）、安息日にユダヤ教の祈り場を求めて町の外の川岸に行き、集まって来た婦人たちに話をした（13節）。

当時ユダヤ人たちは、町に会堂がない場合、川岸に集まって祈り、礼拝をした。パウロたちが安息日まで滞在したのは、伝道の機会と伝道する人を求めてのことだった。ここにも、初めからピリピで伝道しようとしていた明確な意図を見ることができる。

パウロは各地でまず会堂に入って伝道したが、会堂がないピリピでは、祈り場のありそうな場に出て行って伝道の機会を求めた。それは、そこに集う人々が旧約聖書のメシア預言からイエスを救い主と信じる可能性が大きかったからであり、救いはまずユダヤ人から始まったという救済史観もあり、かつ同胞ユダヤ人の救いを願ったからでもあろう（ローマ九1〜5）。

主は、そのように救われる人を求めていく宣教者に、宣教する人を出会わせてくださる。

二、心を開かれる主（14節）

集まった婦人たちの中に（13節）、リディアという古い王国の名を持つ婦人がいた。ティアティラ市の紫布の商人で、「神を敬う人」、すなわち神を礼拝する異邦人だった。ティアティラには、後に有力な教会があった（黙示録二18以下）。リディアはピリピに商売の拠点としての家を持っていたと思われる。ティアティラとピリピ（あるいは他の拠点も？）の間を行き来していたのであろう。主が彼女の心を開かれ、パウロの語ることに心を留めるようにされた。すなわち、信じたのである（↓15節）。

主が心を開かれたという表現に、聖霊が主イエスの御霊であることが垣間見える。人が信じて救われるのは、聖霊の働きである（Ⅰコリント一二3）。

リディアたちが、信じてすぐバプテスマを受けたことにも留意したい（15節）。信仰とバプテスマは不可分である。

三、宣教の拠点を与えられる主（15節）

リディアは、家族とともにバプテスマを受けて、強いてパウロたちを自分の家に泊まらせた。「家族」とは、奴隷や使用人も含めた「家」のことである。

パウロたちを家に招くときに、「私が主を信じる者だとお思いでしたら」とリディアは言う。直訳的には「主に真実な者と判断されますなら」。パウロたちは、リディアを主イエスに忠実な本物の信仰を持った者だと認めて彼女の家に泊まった。

彼女の家は教会となったようである。パウロとシラスは、祈り場に行く途中若い占いの女奴隷に会い(16節)、彼女は何日もつきまとった(18節)。かなりの日数リディアの家にいたことがわかる。また彼らは、投獄から解放されると(35節以下)リディアの家に帰る。そこには「兄弟たち」がいた(40節)。リディアと家族、占いの女奴隷、牢獄の看守一家以外にも救われた人たちがいたのであろう。彼らは続くパウロの宣教をサポートする(先述、ピリピ四14~16)。占いの女奴隷、看守とその家族と続くピリピ伝道のみならず、さらにその先の可能性をも開く拠点となったのである。

導きのままに進む宣教者を、主は人に出会わせ、その心を開き、宣教の可能性を開いていってくださる。主が開いてくださる伝道の道をまっすぐに進む教会でありたい。

——二〇二三年一月三十一日　補足として執筆

イエスの御名による解放〔占いの女奴隷〕　使徒一六16～24

「何日もこんなことをするので、困り果てたパウロは、振り向いてその霊に、『イエス・キリストの名によっておまえに命じる。この女から出て行け』と言った。すると、ただちに霊は出て行った。」（一六18 新改訳2017）

リディアに招かれてその家に泊まったパウロたちは、そこを拠点として、しばらくの間ピリピの町で伝道した。そこで若い占いの女奴隷に出会う。

それは、「祈り場に行く途中」と言われる（16節）。パウロとシラスはユダヤ人として安息日礼拝を守り、定時の祈りも行ったであろう（三1参照）。それは、さらなる伝道対象を求めてのことだったとも思われる。

占いの霊につかれた若い女奴隷は、パウロたちの後について来て、「この人たちは、いと高き神のしもべたちで、救いの道をあなたがたに宣べ伝えています」と叫び続けた（17節）。それが何日も続き、困り果てたパウロがイエス・キリストの御名によって占いの霊を追い出したというのが、出来事のあらましである。

一見、占いの霊がこの若い女奴隷に叫ばせていることは正しく思える。なぜパウロは困り果てたのか。また、なぜこの女奴隷は、占いの霊からの解放される必要があったのか。今日の私たちにも当てはまる理由が、そこにはあったと思われる。それは、①宣教の誤解を避けるため、②女奴隷自身の解放のため、③今後の宣教の展開のためであった。

一、宣教の誤解を避けるため（16、17節）

この占いの女奴隷は、「占いの霊につかれた」（16節）と言われる。直訳的には「ピュトンの霊を持っていた」。ピュトンとは神話に出て来る、ギリシアのデルフィで神託を守っていた大蛇で、アポロ神に殺された。以来アポロ神のために語る者にその霊が宿るとされていた。この女奴隷は、人の運命を神託として語っていたと思われる。

また、この女奴隷のことばにある「いと高き神」は聖書にもある神の称号であるが（創世記一四18～20、詩篇五七2、ミカ書六6）、ギリシア世界ではゼウス神をも意味した。

そのような人に、そのような紛らわしい宣伝をされては、この女奴隷と同類にみなされる可能性が大きかった。唯一のまことの神と、その御子イエス・キリストを宣べ伝えるのに大きな障害となり得た。だからパウロは困り果て、占いの霊を追い出したのである。

ザビエルが来日して最初に宣教した鹿児島で、神にあたることばを地元の人に尋ね、「大日如来」と教えられた。そこで大日、大日……と伝道。人々は新手の仏教宣教師だと思った。後に訂正したが、誰を宣べ伝えているのか明確にしなければならない。

また、キリストを宣べ伝えるのにふさわしいのは、キリストを信じて救われ、変えられた人である。この経験があってこそ、キリストを証しすることができる。

二、女奴隷自身の解放のため（16節）

占いの霊を追い出したもう一つの理由は、この女奴隷自身の解放のためであった。

彼女は、霊が語らせることは語れたが、自分の思いを語ることはできなかった。その神託がどれほど的中したかはわからない。しかし、彼女は神託を語ることで生活していたのであり、自分の考え、思いを語る自由はなかった。それが彼女の価値であり、人々はそれにお金を払った。彼女が彼女自身であるということには価値がなかった。

さらには、彼女の占いは、「主人たち」（複数！）に多大な利益を得させていた。後に占いができなくなった時の主人たちの怒りから、その利益の大きさが想像できる。彼女はそのような主人たちに利用されるしかない奴隷だった。当時のギリシア・ローマ社会では奴隷は珍しくはなかったが、これほど搾取されるのは理不尽であろう。

彼女は「若い女奴隷」（パイディスケー）だった。年齢はわからないが、ギリシア語の意味は少女である。先が長かった彼女の人生も、占いの霊のため、またそれを利用して搾取する主人たちのために、決して希望があるものではなかった。そのような境遇から解放されるためにも、霊は追い出されなければならなかった。

今日も占いに縛られている人がいる。また、奴隷のように利用される立場の人も――。キリストは、本当の自分の人生を、自由に歩めるように解放してくださる。

三、宣教の展開のため（19～24節）

さらには、宣教の展開のためにも、占いの霊は追い出されなければならなかった。

パウロとシラスは、占いの霊を追い出したために、利益を得られなくなった主人たちに捕らえられ、訴えられた（19～21節）。捕らえられたのはパウロとシラスで、テモテとルカは捕らえられなかったようである。20～21節の主人たちの訴えのことばや、群衆も二人に反対して立ったところに（22節）、反ユダヤ人的感情が窺える。ギリシア人であるルカ、半ギリシア人のテモテは迫害の対象にならなかったのかもしれない。

長官たちはパウロとシラスの衣をはぎ取って何度もむち打たせ、牢に入れた（22～23節）。看守は命令を受けて、二人を奥の牢に入れ、木の足かせをはめる（24節）。

多分群衆がヒステリックになったことや、有無を言わせぬ長官たちの扱いで、パウロとシラスはローマ市民であることを告げることができなかったのだろう。一夜明けて簡単に釈放されたところを見ると（35節以下）、群衆をなだめるためにむち打ち、投獄したものと思われる。しかし、それはどう見ても理不尽な仕打ちである。しかし、そこから救われたのがこの看守とその家族であった。そのような中で祈り、賛美したパウロとシラスは、囚人たちにも、看守にも、強い感銘を与えたのであろう（25節）。

時に主は非常に理不尽な出来事から、大きなみわざを行われることがある。このような福音の進展のためにも、占いの霊は追い出されたのである。

——二〇二三年二月八日（補足として執筆）

主イエスを信じなさい〔看守と家族の救い〕　使徒一六25〜34

「二人は言った。『主イエスを信じなさい。そうすれば、あなたもあなたの家族も救われます。』」

（一六31 新改訳2017）


「救われる」とは、罪赦されて神の子とされ、永遠のいのちをいただくことである。ここでは、「主イエスを信じなさい。そうすれば、あなたもあなたの家族も救われます」と言われる。自分自身だけでなく、家族も救われるというのはすばらしいことではないだろうか。今日の聖書箇所までの経緯を見よう。まずリディアという裕福な婦人と家族の救いがあり（11〜15節）、占いの女奴隷が救われた（16〜18節）。女奴隷の占いで儲けていた主人たちは、伝道者パウロとシラスを訴えて役人に捕らえさせ、彼らはむち打たれ、投獄された（19〜24節）。

その真夜中、伝道者たちはイエス・キリストの救いの力をまざまざと見せつける（25〜28節）。輝かしい成功から一転、鞭打たれ、投獄、足かせ……。それでもなお祈りと賛美をささげていたのである。囚人たちも聞き入っていた。そこに起こった地震で鎖がすべて外れるが、パウロとシラスの影響か、囚人たちは誰も逃げない。地震以上の心の奇蹟である。当時、囚人を逃がした看守は死刑という法があった。看守は自殺しようとしたが、なんと囚人たちはそのまま。驚嘆した看守は、伝道者たちに救いを求めるのであった（29～30節）。

私たちも救われることができる。そして家族も——。主イエスを信じるなら——。それは、さらに詳しく見ると、①主のことばを聞くことによって、②主イエスを信じることによって、③信じてバプテスマを受けることによって、と言えるだろう。

一、主のことばを聞く（32節）

看守一家は、パウロとシラスから「主のことば」を聞いた。

「主のことば」とは、イエス・キリストについてのメッセージ、すなわち福音。

看守と家族に語られる福音を聞いたということは、聞いて信じたということ。「家にいる者たち全員」というのは、家族も使用人（奴隷）も含む。

二、主イエスを信じる（31節）

看守と一家は、パウロとシラスのことばに従い、福音を聞いて主イエスを信じた（31節、34節）。それは、十字架で死なれ、三日目に復活された主イエスを、自分の救い主として信じる、つまり、自分の罪の身代わりに、主イエスが死んでよみがえられたと信じることである。パウロとシラスは、「あなたもあなたの家族も……」と言う。救いは一人にとどまらず、人から人へと伝わるものである。看守は家族を促し、皆で福音を聞いた。

それにしても、なぜパウロとシラスは「家族も救われる」と断言できたのか。ひとつには、当時の「家」への家長の影響力がある。家長の勧めなら、家族が受け入れる可能性は大きかった。さらには、旧約聖書以来の、神のことばを守る者への子孫の祝福の約束が考えられる。その祝福は千代に及ぶと言うのである（出エジプト記二〇6）。また実際に、つい最近、同じピリピの町で、リディアとその家族が救われた（15節）。

さらに考えられるのは、この看守の求めの真剣さである。「先生方」（直訳、ご主人様方＝奴隷が主人を呼ぶことば）は、最大限の敬意である。看守はローマ法による死刑を免れたいと思ったと考える者もいるが、囚人は逃げなかったので彼は死刑にならない。やはりこの看守は、パウロたちが宣べ伝えていた救いを受けたいと思ったのであろう。

彼が、パウロたちが占いの女奴隷のことで捕らえられ、むち打たれ、投獄されたいきさつを多少でも知っていたなら、また、牢獄でのパウロたちの祈りと賛美、そこに地震が起こった不思議な出来事、しかも囚人たちが一人も逃げていないことに驚いていたなら、そこに何かがあると思い、パウロたちが宣べ伝える救いを受けたいと思うのは、きわめて自然なことである。この求めの真剣さから、パウロは家族にも信仰を促すほどの信仰を持つと確信したのではないだろうか。

今は、個人個人の自由があるが、「家族も救われる」と信じて家族に福音を伝えるときに、主は応えてくださる。

三、信じてバプテスマを受ける（33節）

看守と一家は主イエスを信じてバプテスマ（洗礼）を受けた。看守はパウロとシラスの打ち傷を洗い、看守と一家はバプテスマで罪を洗い流してもらった（クリュソストモス［三四七〜四〇七年］のことば）。

バプテスマ（洗礼）は、キリストの復活のいのちに結び付き、罪赦され、新しく生まれ、新しいのちに生きるという信仰をそのまま表した礼典である。口で告白する信仰を体現するもの、行動による信仰告白とも言える。

すなわち、肉体とたましいを分離できないように、信仰と不可分の礼典である。もちろん礼典が自動的に救うのではない。信仰あってこその礼典である（参考、十字架上で悔い改めた強盗、ルカ二三42～43）。

S教会のOさんは、子育てのストレスが大きく、子どもの体調にも影響が出るほどだったが、誘われた集会でマタイの福音書六章34節のみことば「ですから、明日のことまで心配しなくてよいのです。明日のことは明日が心配します。苦労はその日その日に十分あります」を聴き、イエス様の救いをいただいた。しばらく頑なだったご主人も教会に導かれて受洗――。家族で救われたことを喜び、ご近所も招いて家庭集会を開くために家を増築した。三十数年後、なお教会の中心として奉仕するご夫妻と再会し、主をほめたたえたことである。

――二〇二一年八月一日、二〇二二年五月一日伝道礼拝説教より編集

世界を変える福音〔テサロニケとベレヤ〕　使徒一七1～15

「世界中を騒がせて来た者たちが、ここにも入り込んでいます。」（一七6b 新改訳三版）

この度の震災は多くの人々の善意を呼び起こしたが、一方では政争の具となり、被災者がなおざりにされ、被災地で窃盗を繰り返す者もいる。人間は確かに罪人である。しかし、福音は確実に人間を変え、社会を変えてきた。使徒たちの宣教はその原点である。

パウロとシラス、そしてテモテを加えた一行は、三つの劇的な回心が記されているピリピ伝道を経て（一六章）、テサロニケへと進んできた。

最初に掲げたみことばは、パウロたちの反対者によるものであるが、「世界を騒がせて来た者たち」は、かえって事実を語ってしまっている。

「騒がせて来た者たち」の原語は、反乱を起こすという意味もあり、立ち上がるという意味のことばから派生した。それで「世界をひっくり返した者たち」や、「世界革命家たち」とまで言う英訳もある。確かにパウロたちの伝えた福音は、やがてローマ帝国をひっくり返し、今も世界を変え続けている。福音が一人一人を救い、変えるからである。

福音は、人を変え、世界を変える。それは、福音が、①神のみことばであり、②キリストの復活を伝え、③不屈の者を生み出すからである。

一、神のみことばの福音（2、11～12節）

福音は、神のみことばだから、人を変え、世界を変える力がある。

福音は、聖書＝神のことばによって預言されていた。だからパウロたちは、聖書に基づいてキリストの福音を宣べ伝えた（2節）。それは、人間の確信などにはない説得力があった。創世記三章15節、詩篇二二篇、イザヤ書五三章などの数々のキリスト預言もあるが、神の民として歩めなかったイスラエルの罪を示す旧約聖書全体が、救い主の必要性を指し示している。

ベレヤのユダヤ人たちも、福音を聞いて、果たしてその通りか聖書を熱心に調べた（11節）。だから、多くの者が福音を信じることができた（12節）。

私たちが何に耳を傾けるかは重要である。神の啓示のみことば以外に、私たちに真理を告げることができるものは何もない。

二、キリストの復活の福音（3節）

福音は、キリストの復活の福音だから、人を変え、世界を変える力がある。イエス・キリストは、人間の罪を負って十字架で死なれ、復活された。このキリストの福音だから、罪を赦し、救い、造り変え、人を新しいいのちに生かす力があるのである。

旧約聖書のキリスト預言にしても、主イエスの復活なしにはわからなかったであろう。復活の主は、エマオの途上で聖書を説き明かし（ルカ二四27）、さらに弟子たちに現れて聖書を悟らせた（同44節以下）。ガリラヤの漁師にすぎないペテロは、堂々とペンテコステの日に三千人が悔い改める聖書の説き明かしができた。主イエスの説き明かしを聞いたからである。キリストの死と復活は、聖書のみことばが間違いない保証でもある。

キリストが復活されたからこそ、私たちは救われ、新しく生まれ、永遠のいのちを持って生きることができる。そこにこそ、聖霊による本当の愛も与えられる。

パウロのように救われて一変する人もあれば、徐々に変わる人もある。しかし、復活のいのちが内に働き、聖霊のみわざがなされているならば、人は必ず変えられる。

三、不屈の者を生み出す福音（2、10、13～15節）

福音は、不屈の者を生み出す福音である。福音によって造り変えられた人々は、不屈のスピリットで福音の真理を伝え、世に実現させていく。それによって、人が、世界が変えられていく。パウロも元々は迫害の急先鋒であったのに、キリストに出会って、最も熱心な宣教者となった。

第一次伝道旅行でも、パウロとバルナバは、ユダヤ人の会堂に行って福音を語っては迫害されながらも、宣べ伝え続けた。この第二次伝道旅行でも同様である。パウロたちは、テサロニケでも「いつもしているように」会堂に入って行って、聖書から福音を語る（2節）。さらには、テサロニケで迫害されてベレヤに行っても、またユダヤ人の会堂に入って行く（10節）。そこにも迫害の手が及び、最も危険と思われたパウロはアテネまで送られるが、シラスとテモテはベレヤに踏みとどまる（14～15節）。もちろん、アテネに行ったパウロは、そこでも伝道する（16節以下）。このような不屈の伝道のスピリットは、救われ、変えられたからである。

テモテなどは、Ⅱテモテへの手紙からは、どちらかと言えば弱い印象を受ける。しかし、そのテモテもパウロとともに危険を冒す。よくついて来てくれたとパウロも感謝する（Ⅱテモテ三11）。ここにも復活の福音の力を見る。

迫害どころか、使徒たちのほとんどは殉教する。それでも彼らが命をかけて福音を伝えたのは、確かに復活の主を目撃したからである。永遠の希望は今の生き方を変える。

イギリスのウィリアム・ウィルバーフォース（一七五九〜一八三三年）は、裕福な家に育ち、ケンブリッジ大学で学び、二十一歳で国会議員になったエリートだった。しかし二十六歳でキリストを信じて回心、一七八七年に奴隷貿易廃止促進協会に参加し、以来奴隷貿易や奴隷制度の廃止のために、実に四十二年にわたって尽力。奴隷制廃止の法制化は彼の死の三カ月後だった。もちろんそれは、アメリカの奴隷解放にも大きな影響を及ぼす。福音は私たちを変え、私たちの家族・親族、地域、国を変える。しかし、何よりまず、私たち自身からこそすべてが始まることを覚えたい。

——二〇一一年七月三日　主日礼拝

人の考えと神の救い〔アテネ伝道〕　使徒一七16〜34

「神は、そのような無知の時代を見過ごしておられましたが、今は、どこででもすべての人に悔い改めを命じておられます。」（一七30 新改訳三版）

私の長いアメリカ生活では、しばしば日本文化を示すことが求められた。しかし、一つの文化のことを別の文化の人に伝えるのは難しい。同じ難しさは伝道にもある。

使徒の働き一七章16〜34節は、パウロのアテネ伝道を記す。アテネに入ったパウロは、ユダヤ教の会堂でも伝道し、広場でギリシア人にも伝道した（17節）。そこでパウロは、本場のギリシア文化に遭遇するのである。

ルカは、アテネ伝道ではアレオパゴスの説教をおもに紹介する。アレオパゴスは場所の名前と理解されてきたが、最近の研究では議会のようである。パウロの福音宣教は、ギリシア人たちには耳新しく、その知的欲求を刺激し、議会で話を聞いてみようということになったのである（18～21節）。

パウロのアレオパゴスの説教は、異文化伝道のお手本として、しばしば研究対象となっている。一四章のルステラでの説教と並んで、二つの異文化説教として知られている。

この箇所が私たちに示すのは、神がどの国の人も、どの文化の人も、悔い改めて（罪を悔い、心から神に向き直って）福音を信じることを求めておられることである（30節）。

世界には、さまざまな宗教、思想・哲学がある。しかし、神の救いの道は、福音以外にない。私たちは、どの文化に属する者であれ、福音を信じる必要がある。それが唯一の救いの道だからである。パウロのアテネ伝道からそれを見ていきたい。

一、人の考え――哲学、偶像礼拝、プライド（16、18、21節他）

ギリシア人は、知的な人々であったが、それが高じて知的道楽に生きる人々であった（21節）。ある意味現代の先進社会に似ている。

エピクロス（前二七〇年没）は、物質が宇宙の支配的な要素と考え、死後の世界、神々の存在も信じなかった。神がいたとしても人間と全く関わらないと考えた。従って神々を恐れる必要はなく、人生最善のことは快楽であった。エピクロス自身は知的・精神的な高い次元の快楽を重んじたが、彼の追従者たちは、あらゆる快楽を追求した。

ストア学派は、始祖ゼノン（前二六三年没）が神殿の柱廊（ストア）で教えたことから、そう呼ばれる。彼らは、宇宙が霊、神的理性、あるいは法則（ロゴス）で満たされていると考えた（汎神論）。それで、人生の目標は、自然の法則と調和して生きることだった。死はロゴスに溶け込むことであり、ある意味では神となることであった。人は自分をロゴスがもたらす運命にゆだねなければならず、欲を持たないことが第一の美徳であった。「ストイック」（禁欲的）ということばは、ストア学派から派生した。

ギリシア哲学は、ソクラテス、プラトン、アリストテレスなどを輩出、今も世界の哲学の基礎であるが、同時にギリシア神話の神々を礼拝していた（16、22～23節）。「知られない神」まで、何でも礼拝していたのは、人間の知恵の愚かさを示していないか。

彼らは、そのような自分たちに高いプライドを持っていた（18、32節）。パウロの福音についても、聞いてやろう……という姿勢は容易に読み取れる。最先端の科学技術を持ちながら、八百万の神々を拝み、かつプライドの高い日本人に似ている。

二、神の救い（24〜31節）

パウロは、そのようなギリシア人に神の救いを語る。

パウロは彼らの宗教心をほめ（22節）、それを伝道の糸口にしながらも（23節）、偶像礼拝をやんわりと批判しながら語る（24〜25、29節）。以下はそのまとめ。

①神は全世界の創造者で、全世界の神である（24〜25節）。

②神はひとりの人から諸民族を生み出し、その歴史を支配し、導いてこられた（26〜28節）。これはギリシア人の、その哲学と歴史による高いプライドへの批判でもある。彼らがすぐれているのではなく、彼らを支配し、導いているのは神であると――。

③いまや神は、死んで復活されたイエス・キリストを通して人々をさばこうと（救おうと）しておられる。だから悔い改めを命じられる（30〜31節）。

知的興味で福音を聞いても救われないが、すでに救われた私たちの信仰も、知的道楽になってはいないか。人生が変えられているだろうか。

三、人々の反応（32〜34節）

パウロのこのような伝道に対して、ギリシア人はどう反応しただろうか。多くの者はあざ笑い、「またいつか聞こう」と去った（32節）。言うまでもなく、もう聞く気はない。究極の救いである復活は、肉体を霊の牢獄と考え、死をそこからの解放と考えるギリシア人には、愚かであった。パウロは彼らの中から出て行き、彼らは救いの絶好の機会を逸した（33節）。

しかし、アレオパゴスの裁判官デオヌシオという地位の高い人やダマリスという婦人など、少数の人々は信じた。高い地位でも満足できない心を、福音＝キリストの復活の力は満たすことができる。今日も、救われた人々は喜びと永遠の希望に溢れている。

アレオパゴスの宣教は失敗だったのではない。パウロの哲学的アプローチが間違っていたのでもない。問題は聞く側にあった。救いは、神の前に人間の考えや、プライドや、伝統を投げ出すことができるかどうかにかかっている。死の床で思想や知識が何の役に立つだろうか。私たちは皆いつか神の前に立つ。そこでキリストによって義と宣告され、永遠のいのちに定められ、復活のいのちにあずかる者は幸いである。

——二〇一一年七月十七日　主日礼拝

恐れないで語り続けよ〔コリント伝道〕　使徒一八1～17

「ある夜、主は幻によってパウロに、『恐れないで、語り続けなさい。黙ってはいけない。わたしがあなたとともにいるのだ。だれもあなたを襲って、危害を加える者はない。この町には、わたしの民がたくさんいるから』と言われた。」（一八9～10 新改訳三版）

パウロのコリント伝道の箇所である。

パウロはアテネからコリントに行く。コリントはアテネの八〇キロほど西。ペロポネソス半島のつけ根の地峡に位置し、ギリシアの南北の陸上交通、東西の海上交通の中継点であった。その地理的重要性からアカヤ州の州都となった（前二七年）。交通の要所だけに人の出入りが激しく、多様な人種が溢れ、わがままで独立心が強く、当時のローマ世界でも特に性的に乱れていた。千人の神殿娼婦が雇われていたと言われ、性的に乱れた生活をすることを「コリントする」（コリンティアゾー）と言うほどであった。

コリント伝道の時の総督ガリオの任期は五一年の夏から五二年の夏まで。ユダヤ人たちが新任の総督の無知につけ込んでパウロを陥れようとしたなら、一年半のコリント伝道(11節)は、五〇年の秋頃から航海の季節が始まる五二年の春頃までであろう。

そのようなコリントの伝道は困難だったと思われるが、パウロは多くの人を導くことができ(8節)、一年半腰を据えて伝道した(11節)。そして、コリントから東側の港町ケンクレヤにも福音が広がった(ローマ一六1)。コリントはギリシアの中心となる教会へと築き上げられた。

人々をキリストへと導く秘訣は何か。コリント伝道から学ぶのは、①協力、②主の約束、③主の命令の実行、④約束を果たす主の力である(四つのP)。

一、協力(Partnership　2〜3、5、7節)

コリント伝道においては、パウロに協力した人々が多くいた。まずアクラとプリスキラ。彼らは、クラウデオ帝の勅令でローマを追い出されてコリントに来ていたが、パウロを自分の家に住まわせ、一緒に仕事をした(2〜3節)。マケドニヤからパウロを追って来たシラスとテモテもいた(5節)。彼らの到着とともにパウロは宣教に専念した(5節)。彼らはマケドニヤの教会から献金を預かって来たようである(ピリピ四15〜16)。

さらには、パウロの宣教で信じたと思われるテテオ・ユストも、パウロが会堂で伝道できなくなると、パウロのために家を解放した（7節）。

このような協力があったからこそ、会堂司クリスポ一家や、多くのコリント人が信じてバプテスマを受けたのである（8節）。

伝道に必要なのは、キリストにある愛と協力である。競争や確執であってはならない。お互いに支え合う協力のあるところに、福音は前進する。

二、主の約束（Promise　9〜10節）

主は、幻によってパウロに語られる（9〜10節）。主が幻でパウロに現れるのは、**使徒の働き**では二度だけ（二三11。二七23は御使い）。大事な局面だったのである。

「恐れないで……」と主は言われたが、何が恐れの原因となり得たのか。ある人々は、アテネ伝道の失敗が原因と考える（Iコリント二3参照）。しかし主が幻で語られるのは、多くのコリント人が救われた後である。パウロの恐れとなり得たのは、予測されるユダヤ人の迫害であろう。

「だれもあなたを襲って、危害を加える者はない」という約束に、それが現れている。パウロは、コリントのユダヤ人の会堂で反対を受けた（6節）。過去には、それが必ず激しい迫害へと発展した。

主はそのようなパウロに、臨在と、守りと、多くの人々の救いを約束される。だから「語り続けよ！」と言われるのである。宣教は主のみわざである。お約束のあるところに、必ずすばらしい主の救いのみわざが起こる。

三、主の約束の実行（Practice　11節）

「恐れないで、語り続けなさい」と主が言われた通り、パウロは一年半コリントに腰を据え、語り続けた。だから多くの人が救われたのである。

約束が与えられても、それを実行しなかったら主のみわざは起こらない。ただ聞くだけでなく、みことばの約束と励ましをいただいたら、それを行う群れでありたい。

四、約束を果たす主の力（Power　12節以下）

主の約束は、ユダヤ人の迫害の失敗で果たされた。ユダヤ人たちは、多分就任間もないガリオが土地の事情に疎いのを利用して、パウロを罪に陥れようとした（12～13節）。13節は「ローマの法律にそむいて」の意味であろう。ユダヤ教は帝国公認宗教だが、キリスト教はそうではなかった。しかしガリオは、それをユダヤ教内部の問題として彼らを追い出す（14〜16節）。会堂管理者ソステネは「みなの者」（多分見物していた一般のコリント人たち）に打ちたたかれ、ガリオはそれを無視した（17節）。

もう一つ指摘しておきたいのは、主の救いのみわざのすばらしさである。会堂管理者クリスポは一家をあげて主を信じ（8節）、その後の会堂管理者はソステネである（17節）。クリスポは職業も収入も捨てて、一家をあげて主を信じたのである。また、Iコリント一章1節には「兄弟ソステネ」が現れる。パウロが人々に打ちたたかれたソステネをいたわり、そこから親しい友となったのかもしれない（バックストン『使徒行伝講義』）。かつて迫害者サウロを救われた主は、そのパウロを用いて迫害の指導者をお救いになった。

主の愛に満たされたキリスト者によって、主は想像を超えたみわざをなさる。主の約束を信じ、主の力に信頼して、協力しながら、主の愛をもって福音を伝えていきたい。

——二〇一一年七月三十一日　主日礼拝

福音宣教を支える信徒〔プリスキラとアクラ〕　使徒一八18〜22

「パウロは、なお長らく滞在してから、兄弟たちに別れを告げて、シリヤへ向けて出帆した。プリスキラとアクラも同行した。」（一八18 新改訳三版）

「キリスト・イエスにあって私の同労者であるプリスカとアクラによろしく伝えてください。この人たちは、自分のいのちの危険を冒して私のいのちを守ってくれたのです。この人たちには、私だけでなく、異邦人のすべての教会も感謝しています。」（ローマ一六3〜4 新改訳三版）

「信徒の時代」などと言われる。牧師・伝道者をよく補助する信徒は必要である。この使徒の働き一八章18〜28節では、パウロがコリント伝道、第二伝道旅行を終え、エルサレムに報告してアンテオケに帰る。その間プリスキラ（プリスカ）とアクラは、パウロとともにエペソに行き、そこにとどまる。そこでアポロという雄弁な説教者に出会い、彼の世話をする。そのような箇所から窺えるのは、すばらしいプリスキラとアクラ夫妻の働きである。「使徒の働き」ならぬ「信徒の働き」である。彼らの働きから、信徒の果たす福音宣教における働きを学びたい。

信徒も、福音の前進に大きな役割を果たすことができる。それは、補助者として宣教者をサポートすることによってである。

一、実際的サポート（18～19節）

プリスキラとアクラは、宣教者たちに、実際的にサポートした。彼らは、コリントでパウロに住まいと仕事場を提供し、パウロを支えていた（一八3）。そして彼らは、パウロがコリント伝道を終えてエルサレム、アンテオケへと帰還する時、エペソまで同行してそこにとどまる。パウロがエペソ伝道を計画していて、将来の助けのために彼らも移動し、とどまったと考えられる。コリントの時のように、先に家を確保してパウロの滞在場所を作ることが目的であったと思われる。天幕作りのビジネスポイントづくりとの見方もあるが、それも伝道の拠点づくりの一環であろう。一九章のエペソ伝道は、アクラ夫妻の家に泊まって行われたものであろう。

エペソで彼らがどのようにパウロを支えたかは書かれていない。ただ、命がけでパウロの命を守ったとパウロ自身が言う（ローマ一六4）。ローマ人への手紙が書かれたのは、使徒の働き二〇章3節の頃であるから、使徒の働き一九章23節以下の暴動の時に、何らかのことをして、彼らがパウロを守ったのであろう。

パウロの働きを助けただけではない。彼らは、アポロを「招き入れて……」と言われるが（26節）、良い宿屋がほとんどない時代。アポロもアクラ夫妻の家に泊まったのであろう。彼らは、宣教者をもてなし仕えるすばらしい信徒だったのである。

二、霊的サポート（25～26節）

彼らは、実際的サポートだけでなく、宣教者への霊的サポートもした。

パウロがエペソに戻って来るまで、プリスキラとアクラはユダヤ人の会堂で礼拝していた。そこに、イエスを宣べ伝えるアポロが来たが、彼はヨハネのバプテスマしか知らなかった（24～25節）。彼らは、アポロにさらに詳しく「神の道」を説明する。

アポロは聖書に精通し、霊に燃えていて（多分聖霊によって燃えていた）、イエスがキリストであると雄弁に語っていた。アクラ夫妻は何を説明したのだろうか。イエスの御名によるバプテスマ、バプテスマが象徴するキリストとともに死に、ともに生きる新しいいのち、自覚的に聖霊に満たされることなどを説明したのではないだろうか。

アポロに教えたのは、おもにプリスキラであろうか。「アクラとプリスキラ」は、「プリスキラとアクラ」に変わる（2節→18、26節）。夫婦間で霊的リーダーシップをとり、率先して主に仕えたのは、妻プリスキラだったようである。パウロも「プリスカとアクラ」と呼ぶ（ローマ一六4）。しかし、この夫婦に不協和音は見られない。聡明で、霊的に研ぎ澄まされて主に仕える妻プリスキラ、暖かく見守り、支え、協力する夫アクラ。アポロに対しても、プリスキラが語り、アクラが口を添えたように思われる。

もう一つ指摘したいのは、彼らはアポロを教えるほどの知識があっても（多分パウロから学んだ）、彼ら自身が説教者・教師になろうとはしなかったことである。どこまでも説教者を補助する立場を貫いている。

今日、神学校で訓練された牧師でも、霊的に優れた信徒から学べることはいくらでもある。教職者のための祈りも、最も必要な霊的サポートである。

三、教会的サポート（27～28節）

プリスキラとアクラは、新たな働きの場を紹介するという教会的サポートも与えた。

彼らは、コリントの兄弟たちに手紙を書いてアポロを紹介し、アポロのコリントでの活躍の道備えをする。アポロは、旅をしてビジネスをする商人だったと思われる。それを利用して、あちこちの会堂でイエスがキリストであると聖書から説教していた。「アカヤへ渡りたい」というのは、交通の要所であるコリント（アカヤ州の州都）にビジネスチャンスを求めるとともに、そこでもキリストを宣べ伝えたいと考えたからであろう。

アポロのアカヤでの働きはめざましく（27節）、後のコリント教会にアポロ派が起こるほどであった（Iコリント一12）。そのすばらしい働きも、プリスキラとアクラ夫妻の紹介によって、コリント教会の兄弟たちに快く迎えられ、もてなされたからである。

教職者も信徒も、主のためにできることを懸命にしたい。全教会を挙げて主に仕える時代としたい。主はそれを用いて、必ず新しいみわざを起こしてくださる。

――二〇一一年八月十四日　主日礼拝

聖霊を受けましたか〔エペソ伝道①〕　使徒一九1〜7

「『信じたとき、聖霊を受けましたか』と尋ねると、彼らは、『いいえ、聖霊の与えられることは、聞きもしませんでした』と答えた。」（一九2 新改訳三版）

涼しくなり、夏が過ぎて秋が来た実感がある。豊かな収穫の時としたい。使徒の働き一九章1〜7節は、エペソにいた「弟子たち」が聖霊を受けた出来事を記す。それは一見伝道とは関係なさそうだが、パウロの本格的なエペソ伝道はそこから始まり、大成功を収める。

パウロは、第三次伝道旅行に出発し、かつて伝道したガラテヤ、フルギヤ地方の諸教会を訪問していた（一八23）。そして、エペソに到着し、十二人（7節）の「弟子たち」に会う（1節）。「弟子たち」は、イエス・キリストを信じる人を意味するが、パウロは、彼らに「信じたとき、聖霊を受けましたか」と問う。彼らは、聖霊については知らなかった（2節。新改訳欄外別訳参照）。パウロは、彼らがヨハネのバプテスマしか受けていないことを知り、イエスの御名でバプテスマを授け、彼らの上に手を置くと彼らは聖霊に満たされた（3〜6節）。そのまま読み過ごしてしまいそうな記事であるが、私たちに重要な問いかけをする出来事である。それは、私たちは自覚的に聖霊を受けているかということである。

パウロは、この出来事を皮切りに、エペソに二年ないし三年滞在し（10、8、22節）、アジア州に福音が広がる基盤を築いた。この聖霊を受けた弟子たちは、そのエペソ教会の基礎となった人々である。

私たちの多くは、すでに父・御子・聖霊の御名によって（すなわちイエスの御名によって）バプテスマを受けている。しかし、聖霊に満たされ、エペソ教会のような伝道が行われる基礎となっているだろうか。

私たちは、自覚的に聖霊に満たされるべきである。それを、以下の順序で見ていきたい。①エペソの弟子たちの問題は何か。②彼らの問題の核心、根本は何か。③彼らの問題は、どのように解決されたのか。

一、彼らの問題（1〜2節）

パウロが「信じたとき、聖霊を受けましたか」と聞いた理由は何だったのだろうか。

パウロがどのように彼らと出会ったか、なぜバプテスマのヨハネの弟子たちがそこにいたのかは全く書かれていない。先にプリスキラとアクラに教え導かれたアポロが、それ以前に伝道して彼らを導いた可能性もある。

パウロは、一見キリスト者と思える彼らと交わりを持ち、何らかの理由で聖霊を受けたか聞きたくなった。それも全く書かれていないが、理由があったのは事実である。私たちの問題とも重ね合わせて推測したい。①彼らの信仰理解に問題があった（イエスの神性・人性などの教義、イエスの教えの知識等）。②彼らの祈りが不十分であった（祈らない、祈れない、祈りを聞かれる方との交わりがない等）。③彼らの人生観、価値観に問題があった（キリスト中心になっていない）。④彼らの生活に問題があった（頭の理解があっても生活が変わっていない）。

洗礼の儀式を受けていて、一見キリスト者に思えても、よく交わってみると「何かが違う……」という者であるなら、やはり何か問題がある。

二、彼らの問題の核心（2～4節）

パウロに見えた彼らの問題の核心は、聖霊を自覚的に受けているかどうかであった。彼らが、もし「イエスは主」と信じていたなら、何らかの聖霊の働きは受けていたであろう。

しかし、自覚的に聖霊を受けていたか、聖霊に満たされていたかは別問題である。そうでないと、豊かな聖霊の働き、キリストの恵みをいっぱいに受ける生活は送れない。祈り、導き、従う喜び、主のお役に立つ喜び等々――。

聖霊を受けていなかった原因は、ヨハネのバプテスマしか受けていなかったことである。イエス・キリストの霊、キリストを証しする霊、父と御子と一体なる聖霊は、イエスの御名（父と子と聖霊の御名）によってバプテスマを受けて与えられる（二38）。しかし、儀式が問題なのではない。問題はイエス・キリストへの信仰のあり方である。

ヨハネのバプテスマは悔い改めのバプテスマである（4節）。罪を悔い改めることは重要だが、イエス・キリストによって赦された、きよめられた、という信仰を持たせるのは聖霊である。「赦してください……」にとどまっているのは、健全な信仰ではない。

三、問題の解決（5節）

彼らはイエスの御名によってバプテスマを受け、パウロに手を置かれて聖霊を受けた。こうして彼らは、エペソ教会最初期の教会員となった。

イエスの御名によるバプテスマとパウロの按手で聖霊を受けたのは、主イエスと聖霊がひとつであり、聖霊こそが主イエスの臨在をもたらすからである。聖霊の内住もキリストの内住も、表現は違うが実質は同じである。

私たちは、何に動かされて洗礼を受けたのだろうか。イエスの御名（父・御子・聖霊の御名）によるバプテスマ、すなわち、ローマ六章が言う「キリスト・イエスにつく」(into Christ Jesus) 信仰であれば、聖霊に満たされた生活になる。

私たちは、本当に主イエスを信じているのだろうか。キリストは私たちのすべてだろうか。ただ洗礼を受けたというだけでなく、キリストにすべてをゆだね、聖霊に満たされた者でありたい。エペソ教会のような、自覚的に聖霊に満たされた者によって築き上げられる教会でありたい。そこから、本当の伝道が始まる。

――二〇一一年九月二十五日　主日礼拝

福音を広める者〔エペソ伝道②〕　使徒一九8～20

「こうして、主のことばは驚くほど広まり、ますます力強くなって行った。」

（一九20 新改訳三版）

福音が広まり、受け入れられていくのは、福音のすばらしさを現す人による。

使徒の働き一九章8節から、パウロの先駆けとして、すでにエペソに住んでいたプリスキラとアクラ（一八18～19）、パウロのエペソ到着後間もなく聖霊に満たされた十二人ほどの人々（一九1～7）などを群れの核として、パウロの本格的なエペソ伝道が始まる。

まずユダヤ人の会堂で三か月ほど伝道し（8節）、続いてツラノの講堂で毎日論じて（9節）、二年ほど伝道を続けた（10節）。その伝道の過程で、パウロによる数々の奇蹟が行われ（11～12節）、祭司長スケワの息子たちがパウロの真似をして悪霊追い出しを試みて失敗し（13～16節）、多くの人々が恐れを感じて悔い改めた（18～19節）。

そのようなエペソ伝道の結果、福音が力強く広まった（20節）。それは、多くの人が福音を聞いたと同時に（10節）、多くの人が主を信じたということでもあろう。

実際、アジア州は、黙示録の時代には七つの有力な教会があり（エペソ、スミルナ、ペルガモ、テアテラ、サルデス、フィラデルフィア、ラオデキヤ）、それ以外にも、コロサイやヒエラポリスに有力な教会があった。一〇〇年代になると、アジア州は、クリスチャンが最も多い地域となった。

「こうして……」と20節にあるが、誰がそのような成功をもたらしたのか。それは、①諦めずに宣べ伝える者、②イエスを信じる者、③罪を離れる者である。

一、諦めずに宣べ伝える者（8〜10節）

福音を力強く広める者は、諦めずに宣べ伝え続ける者である。

パウロは、会堂で三か月語り続けたが（8節）、会堂に集うユダヤ人、改宗者、神を恐れる人々の一部は、かたくなであった。そこでパウロは、ツラノの講堂に場所を移し（9節）、さらに二年間宣べ伝え続けて、福音はアジア州に広く知れ渡った（10節）。「アジヤに住む者はみな」は、文字通り一人残らず……という意味ではなかろうが、州都エペソに集まっていた広範囲の人々が福音を聞いて自分の町に帰り、エペソ周辺のみならず、アジア州に広く福音が広まったということであろう。

パウロの働きとともに、9節には「弟子たちをも退かせて……」とある。言うまでもなく、プリスキラとアクラ、最初に聖霊に満たされた十二人ほどの人たちのことであろう。彼らも、パウロの伝道と行動を共にし、その教えを聞き、伝道活動に参加していたのである。福音が語られる時に、そこに福音によって変えられた人々が同席していることは、力である。忠実に礼拝・集会に集うことだけでも、立派な証しとなる。

二、イエスを信じる者（11～16節）

福音を力強く広める者は、主イエスを信じる者たちである。

ここには、パウロの驚くべき奇蹟（11～12節）、その真似をしてひどい目に遭った魔よけ祈祷師、祭司長スケワの息子たち（13～16節）のことが書かれている。パウロの奇蹟の要約は、ペテロのそれと似通っている（五15）。同じ聖霊が働かれたのである。

特に注目したいのは、祭司長スケワの息子たちである。彼らは、パウロの真似をしてイエスの名で悪霊を追い出そうとした。しかし悪霊どもは、「自分はイエスを知っているし、パウロもよく知っている。けれどもおまえたちは何者だ」と言って襲いかかって、彼らをひどい目に遭わせた。主イエスを信じない者が真似をしても、悪魔のわざを追い出すことはできない。十字架と復活で悪魔の力を打ち砕いた主イエスを信じる者こそが、悪魔のわざを打ち砕き、神の支配を人にもたらすことができる。

小説『塩狩峠』に登場する永野信夫さんは、「あなたの隣人を愛せよ」を実行しようとするが、同僚三森を愛せなかった。それで罪がわかり、信じて洗礼を受けた。悪魔に勝ち、みこころを行えるのは、主イエスを信じる者だけである。

私たちも、「おまえは何者か」と問われている。私たちは主イエスを信じているか。半信半疑か。見様見まね程度のクリスチャンか。あなたは何者か。

三、罪を離れる者（17〜19節）

福音を力強く広める者は、主イエスを信じるのみならず、罪を離れる者である。あるいは、明確な悔い改めをする者と言ってもよい。

スケワの息子たちに起こったことは、おまじないのようにイエスの名を唱えても何の役にも立たないことを知らしめ、多くの人が恐れを感じた（17節）。それが罪の告白や（18節）、おびただしい数の魔術の本を焼き捨てる行為につながった（12節）。魔術は、神に頼らず、偶像や、運命や、魔力に頼ろうとする偶像礼拝であり、罪である。

私たちは、クリスチャンといえども、神に取って代わりかねないものを後生大事に抱えてはいないだろうか。信仰告白したり、洗礼を受けたりしても、神の座を奪いかねないものをしっかり放さず握り続け、心の中心の座に据えてはいないか。罪を告白して離れたエペソの人々にならい、私たちも罪を離れ、心の中の偶像を捨て、キリスト中心の生活をしたい。そこに聖霊が豊かに働き、福音は広まる。

女子大学生Yさんは、集会でイエス・キリストを信じる決心をするや、決然と主に喜ばれない異性関係を清算して受洗した。以来精力的に友人や家族に伝道し、彼女が始めた学内の集会には百人近く集まるようになり、家族は皆決心して洗礼を受けた。忘れられない回心者の一人である。聖霊は、罪を離れた人と共に働かれる。

——二〇一一年十月九日　主日礼拝

神の摂理的守り〔エペソ伝道③〕　使徒一九21～41

「ところが神は、これほどの大きな死の危険から、私たちを救い出してくださいました。また将来も救い出してくださいます。なおも救い出してくださるという望みを、私たちはこの神に置いているのです。」（IIコリント一10 新改訳三版）

信仰をもって主のための働きを進めていくと、困難はあってもそれなりの成果が上がってくる。しかし、そこにさまざまな抵抗が起こってくるのは、今も昔も同じである。

エペソ伝道でのパウロの最大の危機は、宣教の成果に反発して起こった暴動であった（五五年春と思われる）。それは、エペソのアルテミス神殿の模型を作る銀細工人デメテリオから起こった（24～28節）。アルテミスはギリシア神話の女神（ローマ神話ではダイアナ）で、古代七不思議に数えられる大神殿があった。デメテリオの関心は、むしろ彼らの商売であった（25、27節）。パウロの宣教がアルテミス信仰を脅かすと、彼らの商売も脅かされた。それほど宣教の成果が上がったのである。

暴動は、収拾が付かないほど激化した（32〜34節）。しかし、町の書記役の介入でようやく静まった（35節以下）。

二〜三年にもわたるパウロのエペソ伝道には、数々の困難や障害があったと思われるが、この暴動は、特筆すべき危機的な出来事だった。IIコリント一章10節は、パウロ自身がその時の心境を語ったものである。それは、死を覚悟するほどの危機であった（同8〜9節）。しかし神は、そのような中でパウロと教会を守ってくださった。

神のわざが進むと世は抵抗する。それは人々の救いを妨げようとする悪魔の働きである。頑強な反対を受けるなら、宣教が進んできた証拠である。主をあがめ、主に信頼して、さらに働きを進めなければならない。パウロを守られた神は、私たちをも守られる。

一、弟子たち（教会）を通しての守り（30節）

神は、教会を用いて私たちを守られる。パウロの守りに、弟子たちが用いられた。まず暴徒に捕らえられたのは、パウロに同行していたマケドニヤ人ガイオとアリスタルコであった（29節）。群衆は、彼らを捕らえて劇場へとなだれ込んだ。この劇場は、二万四千人ほども収容するものであった。

パウロは腰抜けではなかった。彼らを助けようとその大群衆の中に入って行こうとするが、弟子たちが止めた（30節）。それは賢明な判断だった。パウロがここで殺されたら、異邦人の諸教会にも、後世のキリスト教にも大打撃となったはずだし、結局神は彼らをお守りになったのだから。時には、パウロですら弟子を思う余り適切な判断をできないようなことがある。しかし、神は兄弟姉妹を用いてパウロを守られた。

神は、教会の兄弟姉妹を用いて、私たちを守られる。その忠告、教え、導き、助け、そして何より祈り（Ⅱコリント一11）は、神に用いられる。

二、未信者を通しての守り（31節、35節以下）

神は、未信者をも用いて、私たちを守られる。

「アジヤ州の高官で、パウロの友人である人たち」も、パウロを引き止めた（31節）。この高官たちは、多分ローマ皇帝に奉献された神殿の州祭礼の大祭司を務めるような、アジヤ州諸都市の重要人物たちであろう。

そういう教養も社会的地位もある人たちがパウロに敬意を持っていたことは、パウロの伝道が、奇蹟で驚かしたり強く勧めたりするだけでなく、バランスのとれた人格によるバランスの取れた伝道だったと推察させる。神は、彼らの好意をも用いられた。

それらの高官たちの働きかけがあったかは不明だが、町の書記役も群衆をなだめ、ローマの法律を理由に群衆を解散させた。神は、神を信じない人々をも用いられた。

信者も未信者も、神の御手の中で動き回っているにすぎない。神は全世界の創造者、所有者で、あらゆるものを用いて私たちを守ることがおできになる。世界最強のローマ帝国の役人すら例外ではなかった。後には、ローマ皇帝であるコンスタンティヌス帝すら動かされるのである。神は誰でも、何でも用いて私たちを守られる。

三、神の目的のための守り（21〜22節）

神は、神御自身の目的のために、私たちを守られる。

パウロは、マケドニヤとアカヤ経由でエルサレムに行き、さらにローマに行く計画を持っていた（21〜22節）。それは、「御霊の示しにより」（21節）と言われる。聖霊の支配下にある神の計画だったのである。

エルサレム行きは、異邦人教会の献金をエルサレム教会に手渡すためであった（二四17、Iコリント一六1～4、Ⅱコリント八～九章、ローマ一五25～28）。それは、ただ献金を届けるだけでなく、異邦人諸教会の代表者たちを伴い、エルサレム教会との交わりを確立させるためと思われる（二〇4）。それは、エルサレムからローマに行き、さらにイスパニヤ伝道に行くための備えであろう（ローマ一五23～24、28）。

福音が全世界に伝えられ、すべての人が救われることは、神の御目的である。パウロのイスパニヤ行きが実現したかどうか聖書は語らない。しかし、パウロがエペソで守られたため、教義上重要なローマ書が書かれ、首都ローマの教会が強くされ、エペソ、ピリピ、コロサイ、ピレモン（獄中書簡）、Ⅰ・Ⅱテモテ、テトス（牧会書簡）が書かれ、キリスト教は確立し、世界宣教は大きく前進した。神の目的が果たされたのである。

神は、ご自身の目的のためにこそ私たちを守られる。私たちを通してでないと救われない人がいる。主のための働きがいかに困難であろうとも、信頼して進んでいきたい。

——二〇一一年十月二十三日　主日礼拝

多くの課題の克服〔主日礼拝の祝福〕　使徒二〇1～12

「週の初めの日に、私たちはパンを裂くために集まった。」（二〇7 新改訳三版）

来週から待降節で、クリスマス、年末年始と公私ともに忙しい時期を迎える。私たちは多くの課題に一度に直面することがある。

使徒の働き二〇章1～12節は、エペソの暴動が収まってからのパウロの行動を示している。この時期は、パウロにとって数々の課題を抱えた時期であった。淡々と旅行記録を述べているように思える1～6節の期間も、実はさまざまな課題がパウロに迫っていた。このような淡々と伝した記録の中に、そのような状況で、一つ一つ根気よく問題を片づけていきながら、着々と伝道者としての歩みを進めて行くパウロの姿を見る。

私たちは、多くの課題に直面するとき、どうすればよいのか。それを、この時期のパウロの歩みから学びたい。

一、パウロの直面していた課題（1～3、9節）

パウロは、エペソ伝道とその直後には、どのような課題に直面していたであろうか。そこには、まずエペソの暴動に代表される、反対や迫害があった（一九章）。エペソ伝道だけでも大変な中、実はパウロは、コリント教会の問題（1～2節）にも取り組んでいた。コリント教会には、さまざまな問題があった（Ⅰ・Ⅱコリント参照）。マケドニヤへの出発はコリントに遣わしたテトスに会うためであり（Ⅱコリント二12～13、七5～7）、そこでⅡコリントが書かれた。2節のギリシア滞在は、コリントの問題を治めるために行ったのだから、コリントに滞在したのであろう。

その間ユダヤ人の陰謀もあった（3節）。パウロは、6節で過越しと種なしパンの祝いをしており、五旬節までにエルサレムに行こうとしていた（16節）。多分当初は、過越しのためのユダヤ人の巡礼船に乗るつもりだったようだ。しかし、パウロを殺そうとする陰謀を知り、陸路で再びマケドニヤに行き、そこから船でトロアスに行った（6節）。

そして、ようやくそれらの問題を治めて、エルサレムに旅するために、トロアスで一行が勢ぞろいし、明日出発という時ユテコが転落死する（9節）。

このように、パウロには、次から次へと問題が襲ってきた。実際、エペソで伝道していた期間には、エペソ教会での伝道牧会、外からの迫害・反対、コリント教会の問題などを一度に取り扱っていた。普通の人なら大変なプレッシャーだったに違いない。

二、課題の中のパウロ（2、3節）

そのような数々の課題の中に、パウロはどのように対処し、克服していったのか。

エペソの暴動（一九章）は、主と弟子たちの助けによって守られたことを前に述べた。

コリント教会の問題については、Iコリントを書き、一度訪問し、涙の手紙を書き（IIコリント二4）、テトスを遣わして解決に当たらせ、待ち合わせ場所のトロアスに行き、テトスに会えなかったのでマケドニヤまで出かける（IIコリント二12〜13）。そして、最後の解決のために三度目の訪問をし（IIコリント一二14、一三1）、三か月滞在する（使徒二〇2〜3）。そのような、深刻な問題を解決するためのコリント訪問の途上でありながら、マケドニヤの諸教会を訪ねて兄弟たちを励ます（2節）。

ユダヤ人の陰謀にも、陸路マケドニヤに行くように計画を変更して対処した（3節）。

ユテコの転落死に対しても、恐れ惑うことなく祈り、対処し（9〜11節）、彼が生き返ったことで、人々はひとかたならず慰められた（12節）。

そのように、課題に一つ一つ対処しながら、パウロはエルサレム行きの計画を着々と進める。それは、異邦人諸教会の代表者を伴い（4節）、異邦人教会からエルサレム教会への献金を届け、エルサレム教会としっかり結びつけるためだった。それは、ローマで伝道し、さらに将来スペインで伝道するための備えでもあった（ローマ一五22〜29）。このような計画を述べるローマ人への手紙は、コリント滞在中に書かれたものである。

数々の問題の中で、パウロは着々とキリストのために前進していた。そこには、問題のただ中にありながら、キリストによって勝利している姿がある（ピリピ四13）。

三、課題克服の秘訣（7節）

このように、課題だらけの中で、パウロがそれらを克服していけた秘訣は何だったのであろうか。

それは、言うまでもなくキリストへの信仰であるが、その中心に日曜日の礼拝があった（7節）。これは、日曜礼拝の明確な記録では、最も古いものである。「パンを裂くために」とは、主の晩餐のことである。すでにエルサレムの家々でパンを裂いていた記述はあるが（二42、46等）、ここでは、特に日曜日に行われたことが記される。トロアスには七日間滞在したのであるから（6節）、到着は月曜日だったようである。

日曜礼拝は、週の初めの日のキリストの復活を記念して始まった。そこでパンを裂いて主の晩餐を行い、主の死を記念した。礼拝の中心は、死んで復活されたキリストである。パウロも、このキリストの臨在の中で礼拝して、強められたのである。

本箇所のように、旅行中でも日曜礼拝は守られた。あるいは、船の上で主の日を過ごす場合でも、同行する弟子たちとともに礼拝は守られたであろう（二七35参照）。

大変な状況にあるとき、礼拝どころではないと思うだろうか。課題だらけの時こそ、ますます礼拝が必要なのではないだろうか。

——二〇一一年十一月二十日　主日礼拝

教会を確立する指針〔パウロの訣別説教〕　使徒二〇15～35

「いま私は、あなたがたを神とその恵みのみことばとにゆだねます。みことばは、あなたがたを育成し、すべての聖なるものとされた人々の中にあって御国を継がせることができるのです。」（二〇32 新改訳三版）

ゆるがない教会が建て上げられていくことは、私たちの願いである。パウロが築いたエペソの教会は、確立された、宣教の中心となった教会であった。

「私たち」（13節）と言うように、パウロは、著者ルカや異邦人諸教会の代表を連れて旅をしていた（4～5節）。そして一行はミレトに着く（15節）。五旬節にはエルサレムに着いていたいと旅を急ぐパウロは、エペソには寄らず（16節）、エペソの長老たちを呼び寄せて最後の教えを語る（17節）。この長老たちは、エペソ宣教の初めに聖霊を受けた十二人ほどの人たち（一九1～7）だったと思われる。

パウロはエペソでの働きを回顧し（18～21節）、将来への決意（22～24節）、彼らに対して責任を果たしたこと（25～27節）、彼らへの訓戒（28～31節）、別れのことば（32～35節）などを述べる。

この訣別説教を受けたエペソ教会は、長くアジア州の中心的教会として続く。パウロの後にはテモテが牧会し（Ｉテモテ一3）、後には使徒ヨハネがいた。黙示録の時代にも（九〇年代）、アジアの七つの教会の筆頭はエペソ教会である（黙示録一11、二1）。

そのように教会が確立されていった秘訣を、エペソ宣教の初めから回顧して語るパウロの訣別説教の中から学びたい。それは、①みことばを余すところなく語ること、②群れ全体に気を配ること、③みことばにゆだねること、である。

一、みことばを余すところなく語る（20～21、26～27節）

教会確立の秘訣の第一は、みことばを余すところなく語ることである。

パウロが彼らに語ったのは、「益になること」（20節）、また、ユダヤ人にもギリシア人にも（すべての人々に）語ったのは、「神に対する悔い改めと、私たちの主イエスに対する信仰」（21節）であった。

「益になること」は、さまざまな内容を含むであろうが、信仰に関することであったことは間違いない。「神に対する悔い改めと、私たちの主イエスに対する信仰」は、神・罪・救いの福音のメッセージである。

またパウロは、「神のご計画の全体を、余すところなくあなたがたに知らせておいた」と言う（27節）。天地創造から終末までの、神の救いの計画全体を教えたのである。今日的に言うなら、旧新約聖書六十六巻のメッセージを余すところなく語った。これが、ゆるぎない確信に立ち、後々まで宣教の中心として用いられた教会を確立したのである。

偏ることなく、福音のすべてを信じ、語る教会でありたい。

二、群れ全体に気を配る（28～31節）

教会確立の秘訣の第二は、群れ全体に気を配ることである。

パウロは長老たちに、「自分自身と群れの全体とに気を配りなさい」と命じる（28節）。「気を配りなさい」とは、注意する、用心する、警戒すること。注意深く群れを見て、必要に応じてケアを与えることである。それはまた、異端的な教えに対する警戒でもあった（29～30節）。外から来る異端もあれば、教会の中から起こってくる異端もある。実際、コリントにはギリシア思想の影響から霊肉分離の考えがあった。またコロサイにも、この少し後異端が入り込んでいる（コロサイ二16～19）。

そのような誤った教えにだまされず、乱されないために、パウロは、「目をさましていなさい。私が三年の間、夜も昼も、涙とともにあなたがたひとりひとりを訓戒し続けてきたことを、思い出してください」と言う（31節）。ここでも、やはりみことばが鍵である。それは、ただ聖書に書いてあるというみことばでも、単なる教えや教理でもない。パウロが牧者として心血を注ぎ、愛を注いで語ってきたみことばである。

違った教えを信じる人でさえも、愛は包み込んで真理に導く。そのように気を配り、みことばをもってケアする教会でありたい。

三、みことばにゆだねる（32～35節）

教会確立の秘訣の第三は、神とそのみことばに教会を委ねることである。

パウロは「あなたがたを神とその恵みのみことばとにゆだねます」と言う（32節）。みことばは「育成」する（＝建て上げる）。信仰を育て、確立し、人間として建て上げるのは、みことばである。また、みことばは「御国を継がせることができる」。地上でどれほど立派な人間になっても、最後に御国を受け継げなかったら何の意味もない。みことばは、ついには御国を継がせる。

パウロは、涙とともに彼らを訓戒し続けてきたことを語ったが、そのようにして教えたみことばを、パウロ自身生きた。33～34節は、ヘブライ的な訣別のことばでもあるが（Iサムエル一二2～3）、主イエスのみことばに従って生きた証しでもある（35節）。

もちろんパウロは、聖書の解釈も教えたであろう。しかし、それを愛と情熱をもって教え、身をもって実行し、生きて見せた。そのようにして彼らのうちに植えつけたみことばに、パウロは彼らをゆだねたのである。「聖書は、どんな巧妙な翻訳よりも、各自の生涯に訳し出されたときに、最もよく人に読まれる」（沢村五郎師）。

みことばを余すところなく信じ、語り、みことばによってお互いに気を配り、みことばに養われて成長し、みことばを生きて、ついには御国を受け継ぐ群れでありたい。

——二〇一二年一月二十二日　主日礼拝

宣教者とともに歩む〔パウロと協力者たち〕　使徒二一1～16

「するとパウロは、『あなたがたは、泣いたり、私の心をくじいたりして、いったい何をしているのですか。私は、主イエスの御名のためなら、エルサレムで縛られることばかりでなく、死ぬことさえ覚悟しています』と答えた。」（二一13 新改訳三版）

宣教は、宣教者一人の働きで成し遂げられるものではない。そこに多くの協力者がある時に、宣教は力強く進む。

パウロは、命がけでキリストの福音を宣べ伝えていた。そのパウロには、命がけの使命を分かち合う多くの協力者たちがいた。

パウロは、エルサレムへと旅していた。それは、異邦人諸教会の代表を引き連れ（二〇4）、献金を携えて、エルサレム教会と交わり、奉仕するためであった（ローマ一五25～26）。それはまた、帝国東側の異邦人教会を、福音の根源であるエルサレム教会に結びつけて、教会全体の一致と安定を図り、ローマに行って宣教し、そこからスペインに行って伝道するための準備でもあった（ローマ一五23、26、一10）。

この箇所で、パウロは、旅をしながら実に多くの兄弟たちと交わりを持っている。彼らは、皆パウロの協力者たちであった。そこには、さまざまな形のパウロの宣教への協力が窺える。13節には、パウロの命がけの宣教のスピリットが如実に表れている。命の危険さえあるエルサレムに行くのは、次の宣教の展開のためである。それらの協力者たちは、そのようなパウロのスピリットを共有し、宣教に参与した人々だったのである。

伝道・宣教は、教会の大きな役割である。私たちはどのように宣教に参与できるか。もちろん、そこには献金や祈りなどもあろうが、特に、ここに現れるパウロの協力者たちが、どのようにパウロに協力したかを探ってみたい。そこから、私たちの宣教への参与の可能性を探りたい。

一、宣教者をもてなす（4、7、8、16節）

パウロが通過した各地の兄弟たちの協力は、パウロを泊めてもてなすことであった。

パウロは、ツロに七日間滞在し（4節）、トレマイで一日（7節）、カイザリヤに（8節）数日滞在し（10、15節）、エルサレムでもキプロス人マナソンの家に泊まる（16節）。ツロの弟子たちは、「見つけ出して」と言われるように、普段からパウロと親しかった人たちではなさそうである。しかし、彼らは突然訪ねて来た宣教者を泊めてもてなす。トレマイの兄弟たちも、あまりよく知っている人たちではなさそうな書きぶりである。

カイザリヤでは、ステパノと共に奉仕者に選ばれ、迫害で散らされてサマリヤに伝道したピリポのところに泊まる（六5、八4〜40）。パウロとピリポの接点は書かれていないが、伝道旅行の報告にエルサレムに上るような機会に、交わりを持っていたのであろう。彼の信仰生活は祝福され、四人の娘は預言する人たちであった（9節）。

カイザリヤの弟子たちは、パウロをエルサレム在住のキプロス出身のマナソンのところに導く。マナソンも、パウロと旧知の間柄ではなかったようであるが、カイザリヤの兄弟たちの紹介で滞在先が確保され、マナソンも喜んで泊めてくれたようである。

当時宿屋は少なく、あったとしても、決して安全な宿泊場所ではなかった。パウロの旅は、このように泊めてもてなしてくれる兄弟たちの協力があってこそ可能だった。これも立派な宣教協力である。

現代は、このような協力はあまり必要ないかもしれない。しかし、宣教者をもてなし、出来る限りの協力をする姿勢は、今日も宣教者の大きな力となる。

二、御霊による忠告（4、10〜12節）

パウロをもてなした人々がしたことは、さらには、御霊の示しによってパウロに忠告することであった。

ツロの兄弟たちは、あまりパウロと親しくなかったようであるが、それでも、パウロの身の危険を御霊に示されると、パウロを気遣って、「しきりに」パウロに忠告した（4節）。そして、家族ともどもひざまずいて祈り、パウロを見送る（5節）。

カイザリヤでも、アガボという預言者がユダヤから来て、パウロが捕らえられることを預言する（11節）。カイザリヤの兄弟たちと、著者ルカを含む同行者たちは、パウロを止めようとする（12節「私たち」）。

もちろん、パウロは聞き入れない（13節）。御霊は危険を告げたが、エルサレム行きを禁じてはいない。パウロは命の危険も顧みず、聖霊に示された（一九21）伝道計画を進めていく。そして、忠告した人たちは、パウロに叱られている。しかし、御霊によって愛の忠告をするのも、彼らのパウロへの愛と協力の姿勢の表れである。

適切な意見を述べてくれる信徒は、教会や宣教の大きな助けになる。

三、ともに歩む（14、16節）

パウロの同行者たち、パウロをもてなした人たちは、危険を顧みずにエルサレムに向かうパウロと行動をともにした。

パウロは、彼らの忠告に対して命がけで伝道計画を進める不退転の決意を表明する（13節）。パウロの同行者たちやカイザリヤの兄弟たちは、偉大な伝道者を惜しんだのであり、危険を恐れたのではない。命がけのパウロに、彼らもエルサレムへと同行する。

何かができること以上に、宣教者と志を同じくし、ともに歩むことが何よりの助けである。ここに現れるパウロの協力者たちの多くは名前も記されないが、パウロとともに歴史を変え、永遠に残る結果をもたらした。私たちも、そのような者でありたい。

――二〇一二年二月五日　主日礼拝

お互いのための配慮〔最後のエルサレム訪問〕　使徒二一17〜26

「そうすれば、あなたについて聞かされていることは根も葉もないことで、あなたも律法を守って正しく歩んでいることが、みなにわかるでしょう。」

（二一24b 新改訳三版　参考箇所↓ローマ一五2〜3）

キリスト者の生き方は、自分のためにではなく、隣人のために生きることである。それは、地上の最後の時までも行うことができる。

この箇所では、パウロが最後のエルサレム訪問をし、エルサレム教会の指導者ヤコブと長老たちを訪問する。パウロたちはマナソンの家に着き、歓迎され（17節）、翌日異邦人教会の代表者たち（二〇4〜5）を連れてヤコブを訪ねる（18節）。異邦人教会からの献金（ローマ一五26他）も、この時手渡されたであろう。そして異邦人伝道の成果をパウロが報告し（19節）、ヤコブたちが神をほめたたえて、パウロに提案をする。

このやりとりから学べるのは、お互いに苦しい立場があり、それを解決するためにそれぞれが努めていることである。このヤコブらの提案と、それを受け入れたパウロから、互いに深く配慮し合うことを学びたい。

私たちキリスト者は、互いに配慮し合うべきである。それは、①誤解を解くために、②一致を守るために、③教会を守るために、である。

一、誤解を解くための配慮（23～24節）

ヤコブと長老たちは、パウロへの誤解を解くために配慮した。

ヤコブと長老たちは、パウロに、誓願を立てている四人の人の頭を剃る費用を出すことを提案する。パウロが律法を守って正しく歩んでいることが皆にわかるためである。

この四人の人たちは、ナジル人の誓願を立てていた（民数記六1～21）。それは、自分を聖別して誓願を立てることである。誓願中はぶどう酒を飲まず、汚れた物に触れず、頭髪を切らず、誓願の期間を終えると犠牲をささげて頭髪を剃る（一八18参照）。

パウロは、すべてのユダヤ人に律法を守らないように教えていると誤解されていた（21節）。それを反対者たちが吹聴し、エルサレム教会にも聞こえていた。パウロは、異邦人の割礼と律法遵守が救いには必要ないと教えていただけである（ガラテヤ書）。

そのような誤った情報を広めていたのは、各地でパウロに敵対したユダヤ人たちであった可能性は大きい。後に、ユダヤ人たちが神殿でパウロを捕らえようとして大混乱になることからも、それは推測できる。

少なくともヤコブたちは、それが中傷であると知っていた。彼らは、パウロたちの伝道報告を受けて神をほめたたえた（20節）。また、異邦人教会の代表者たちを汚れた者とせず歓待した（17節）。だから、その誤解を解くためにこの提案をしたのであった。

キリストのために懸命に労する人が誤解されるのは、残念なことである。私たちは、そのような誤解を解く者でありたい。

二、一致を守るための配慮（25節）

ヤコブと長老たちの提案は、教会の一致を守るための提案であった。

それはエルサレム教会の一致を守るための提案であった。ヤコブたちは、パウロたちの来訪で、エルサレム教会で不穏な空気が起こるのを心配していた（20節→22節）。

一般のユダヤ人だけでなく、エルサレム教会に属するユダヤ主義者たちも（一五1、5参照）、パウロに悪感情を抱いていた。そして、エルサレム会議（一五章）の後もなお、パウロが設立した異邦人諸教会まで来て、しきりに教会を混乱させていた。

それは他のユダヤ人信者たちにも影響したであろう。教会内外からパウロの悪いうわさを聞けば、パウロに、またパウロを厚遇するヤコブらに悪感情を抱いたであろう。だから、ヤコブたちの提案は、パウロへの誤解を解くことによって、エルサレム教会の一致を保つための提案だったのである。

さらには、それはエルサレム教会と異邦人教会との一致を守るための提案でもあった。ここでヤコブらは、異邦人信者に律法を課さないというエルサレム会議の決定を再確認する（25節↓一五28〜29）。パウロが異邦人諸教会の代表者たちを伴ってエルサレムに来たのも、まさにその一致の確認のため、交わりを深め、さらに強固な一致に至るためであった。ヤコブらは、パウロへの誤解を解き、それに協力しようとしたのである。

教会にも、意見の対立はある。しかし、福音が損なわれない限り、教会の一致を壊すほどに正しい意見はない。そこに、お互いへの配慮が必要である。

三、教会を守るための配慮（26節）

エルサレム教会が、パウロと律法の問題を気遣うのには大きな背景があった。それは、後にユダヤ戦争に発展する、エルサレムに充満していた反ローマ国粋主義である。律法への熱心はユダヤ人のアイデンティティである。教会がユダヤ人に律法を守るなと教えているとなると、エルサレム教会がまず血祭りに上げられてしまう。パウロがエルサレム教会に迎えられたと知れると、その危険は大きかった。そこでヤコブらは、誤解を解き、教会の分裂を防ぐとともに、教会を守ろうとしたのである。

そして、パウロもその提案に同意する（26節）。世界各地のユダヤ人が集まる神殿はパウロには危険な場所であったが、彼は危険を承知で神殿に行く（ローマ一五30〜31参照）。パウロにとってもエルサレム教会は、主イエスが育てた人々の教会、異邦人教会をしっかりと結びつけておきたい福音の起源の大切な教会であった。パウロもまた、エルサレム教会のために命がけの配慮・決断をしたのである。

パウロやヤコブがめざしたものを、私たちもめざして歩んでいきたい。

——二〇一二年二月十九日　主日礼拝

神の摂理的守り〔パウロの逮捕〕　使徒二一27〜40

「彼らがパウロを殺そうとしていたとき、エルサレム中が混乱状態に陥っているという報告が、ローマ軍の千人隊長に届いた。彼はただちに、兵士たちと百人隊長たちとを率いて、彼らのところに駆けつけた。人々は千人隊長と兵士たちを見て、パウロを打つのをやめた。」（二一31〜32 新改訳三版）

キリスト者は、神に守られている。現実には様々な危険に取り囲まれていても、神は私たちを守っていてくださる。イエス・キリストによって救われ、神の子とされているからである。神は御子を信じる者の味方である（ローマ八31）。

使徒の働き二一章27〜40節は、エルサレムでのパウロの逮捕の場面。騒動は、アジアから来たユダヤ人がパウロを捕らえようとして始まった（27節）。それは、エペソ伝道の頃からの誤解に加え、パウロがギリシア人を宮に連れ込んだという事実誤認によった（29節）。

律法と神殿に逆らうことを教え、神の宮を汚しているという叫びに（28節）、たちまち人々は殺到してパウロを捕らえ（30節）、殺そうとした（31節）。人々は、パウロを打ち叩いていた（32節）。そこに千人隊長（クラウデオ・ルシヤ、二三26）に率いられたローマ軍が駆けつけて、パウロを騒ぎから引き出した（32節以下）。要するに、パウロは死の危険から守られたのである。もちろんその背後には、神の守りがあった。

私たちは、いかなる状況でも神の守りに信頼することができる。この箇所でパウロに与えられた神の守りは、①人を用いての守り、②場所を用いての守り、③時を用いての守り、④御自身の目的のための守り、である。

一、人を用いての守り（31節以下）

神は、人を用いて私たちを守られる。神はローマ軍を用いてパウロを守られた。神の民であるはずのユダヤ人が主イエスを十字架につけ、その使徒であるパウロを迫害する一方、イスラエルを属国とし、神の敵とされたローマ人がパウロを助けて神の目的を果たす。大変な皮肉であるが、神にとってはローマ帝国も思いのままである。

ピリピでも、パウロとシラスがローマ市民であったことが助けになった（一六37〜39）。この逮捕でも、パウロがローマ市民とわかると（二二25～29）、ローマの軍人たちは恐れて、パウロを懸命に守る。大帝国のシステムも神の思いのままである。

神の敵とされていたローマ軍すらお用いになる神は、みこころのままに、どんな思いがけない人でも用いて私たちを守られる。

二、場所を用いての守り（30～32節）

神は、私たちが置かれている場を用いて私たちを守られる。

パウロは、宮を汚す者として宮の外へ引きずり出され、宮の門は閉じられた（30節）。そこは、「異邦人の庭」という神殿を取り巻く外郭的区域だった。宮の内部と違って、異邦人であるローマ軍が自由に迅速に駆けつけられた。ローマ軍が駐在したアントニア要塞は、異邦人の庭の北西部に隣接していたので、騒ぎが起こると治安維持のために迅速に駆けつけ、ユダヤ人たちはパウロを殺すことができなかった（31～32節）。

つまり、ユダヤ人たちは宮を汚す者であるパウロを、宮を血で汚さないために外で殺そうと締め出したが、より安全なところに彼を連れ出してしまったのである。パウロを殺そうとしたユダヤ人たちまで、パウロを守るのに一役買ってしまったとも言える。

私たちが置かれている場や、持ち場、立場は、時には不本意なものかもしれない。しかし、それをも用いて主は守ってくださる。主に信頼して安心していよう。

三、時を用いての守り（32〜33節、37〜38節）

神は、時をも用いて、私たちを守られる。

報告が届いてからの千人隊長の対応は、単なる治安維持目的にしてはあまりに迅速である。「エルサレム中が混乱状態に……」と報告されたから（31節）、確かに騒ぎは大きかったが、ローマ軍が大きな騒動に神経質になるのには、当時の政治的な事情があった。

この騒動は五八年頃。ユダヤ戦争（ローマ帝国への反乱）は六六年に起こる。不穏な反乱の空気が漂っていたので、非常な迅速さで動いたのであろう（37〜38節）。

時代の情勢も神は用いることがおできになる。反乱を起こそうとしていたユダヤ人も、それを抑えようとしていたローマ軍も、神のみこころの中で動いていたにすぎない。

四、御自身の目的のための守り（39〜40節）

神がパウロを守るために用いられた方法はすべて述べたが、最後に、神の御目的に触れたい。神は、御自身の目的のために、私たちを守られる。

パウロは、この大騒動を利用し、人々に、自分がどのようにキリストに出会い、使徒とされて今日に至ったかを証しする（39〜40節→二二章）。パウロは自分の身の潔白を証明しようなどとは一切しない。ダマスコ途上で彼を捕らえたキリストを証しするのみである。自分のためでなく、神の目的のため、キリストのために生きているのである。

後にパウロは、ネロ皇帝の迫害で殉教するが、福音は十分に証しされ、ついにはローマ帝国をもひっくり返す基盤ができていた。

もちろん、パウロも私たちも、目的を果たすためだけの使い捨ての道具ではない。神は私たちを愛しておられる。私たちはいつか必ず世を去る。しかし、神の御目的を果たすまでは、私たちは地上で守られる。神の御目的を果たしたら、愛の神は、私たちを永遠の平安へと召してくださる。

——二〇一二年三月一八日　主日礼拝

人生を変えるキリスト〔パウロの証し〕　使徒二二1～21

「そこで私が答えて、『主よ。あなたはどなたですか』と言うと、その方は、『わたしは、あなたが迫害しているナザレのイエスだ』と言われました。」（二二8 新改訳三版）

キリスト者の人生を一言でいうと、「変えられた人生」と言える。ここで人々に語るパウロは、キリストに変えられた人の典型である。

エルサレムの宮でユダヤ人に殺されそうになり、ローマ兵に拘束されたパウロは、取り調べのためにアントニア要塞へと連れて行かれる。その途中、異邦人の庭から要塞へと上る階段の上で（二一35）、千人隊長の許可を得てユダヤ人たちに語りかける（二一37～40）。その内容が本箇所である。パウロは、それを「弁明」（アポロギア）と言うが（1節）、それは自分自身を守るための弁明ではない。キリストこそが彼の人生を変えたまことの救い主だという弁明＝証言である。

パウロの回心は九章にも述べられ、二六章でも、パウロによって語られる。それらの三つの記述の間には若干の違いもあり、補い合っていると言える。

パウロの証しの内容は、①キリストに出会う以前のユダヤ教徒・迫害者であった頃（3〜5節）、②キリストと出会った回心体験（6〜16節）、③宮でキリストから受けた使命（17〜21節）とまとめることができる。

パウロは、迫害者から伝道者へと、キリストによって変えられた。それは、どんな人でも、キリストによって変えられることを示している。「私はその罪人のかしらです。しかし、そのような私があわれみを受けたのは、イエス・キリストが、今後彼を信じて永遠のいのちを得ようとしている人々の見本にしようと……」（Ⅰテモテ一15〜16）。

キリストこそ、悪魔と罪の支配から神の支配へ、自己中心の人から隣人愛の人へと変える救い主である。キリストによって変えられる経験こそが信仰経験の本質である。

私たちの人生は、キリストによって変えられる。それは、①出会ってくださるキリスト、②教会とともに働くキリスト、③新しい人生を備えるキリストによる。

一、出会ってくださるキリスト（6～8節）

私たちの人生は、私たちと出会ってくださるキリストによって変えられる。タルソ生まれでありながらエルサレムで育ち、ユダヤ教の一大指導者ガマリエルに学んだパウロは、人一倍律法に熱心な、将来を嘱望されるエリート教師だった。それで、イエスなどを救い主と信じる者を許すことができず、熱心に迫害した（1～5節）。

パウロは、イエスが神の子・救い主などとは全く考えず、求めてもいなかった。迫害こそ正義と確信していた。しかし、外国に行ってまで迫害するパウロに、キリストが一方的に出会ってくださった（6～8節）。滅ぼされて当然の者に出会ってくださるのが、私たちの主イエスである。

思いがけない試練、思いがけない人との出会いなどを通し、私たちが求めていようといまいと、主の方から近付いて、私たちに出会ってくださる。

二、教会とともに働くキリスト（12～16節）

私たちの人生は、教会とともに働くキリストによって変えられる。

パウロは、確かにキリストと出会って救われたが、さらにするように決められていたことがあった（10節）。そのために用いられたのが、アナニヤである（12節）。キリストは、御自身を信じる人々＝教会を通して働かれる。

パウロは、まず見えるようになった（13節）。そして、キリストの証人として立てられたことを知らされた（14～15節）。さらには、バプテスマを授けられた（16節）。バプテスマは、キリストの「御名を呼んで」＝信仰を神と人に告白して受ける。つまり、信仰によってキリストと一つになることを行動で現わす、象徴的・信仰告白的礼典である（ローマ六3～5）。だから「罪を洗い流す」＝罪の赦しを確信させる。こうしてキリストに属する者となる礼典は、キリストをかしらとする群れに加わる礼典でもある。

教会への迫害は、キリスト御自身への迫害であった（8節）。教会とキリストは一つである。**使徒の働き**自体、キリストの証人たちを通しての聖霊＝復活昇天のキリストの働きである。このキリストが教会を通して働きかけ、私たちの人生を変える。

確かに、教会には欠点も落ち度もあるが、福音宣教をゆだねられたのは教会である。そして、救われてキリストのものになると、キリストのものとなった人々＝教会に連なる。そこにこそキリストの働きがあり、豊かに導かれ、教えられ、祈り、祈られ、いのちに満たされ、聖霊によって造り変えられ続け、成長する。

三、新しい人生を備えるキリスト（17～21節）

私たちの人生は、新しい人生を備えてくださるキリストによって変えられる。

パウロは、エルサレムの宮で主イエスから語りかけられる。主はパウロに危険を告げ、エルサレムから離れるように命じる（18節）。パウロは、自分が元は熱心な迫害者だったから、人々に危害を加えられないと思ったようである（19～20節）。しかし、主はパウロを異邦人に遣わされた（21節）。もちろん、パウロの使命は、すでにアナニヤによって告げられていた（14～15節、九15～16）。これは、その再確認であり、エルサレムで危険が迫っている今こそ、異邦人へと行け、という命令であろう。

人生を造り変える主は、変えられた人生をも用意していてくださる（エペソ二10）。それは、同じ人が二人といないように、一人一人に備えられた特別な人生である。私たちを造り変えるキリストが、今あなたに出会おうとしておられる。

――二〇一二年四月十五日　主日礼拝

証しを導く主〔パウロの二度目の弁明〕　使徒二二22～二三11

「しかし、パウロは、彼らの一部がサドカイ人で、一部がパリサイ人であるのを見て取って、議会の中でこう叫んだ。『兄弟たち。私はパリサイ人であり、パリサイ人の子です。私は死者の復活という望みのことで、さばきを受けているのです。』彼がこう言うと、パリサイ人とサドカイ人との間に意見の衝突が起こり、議会は二つに割れた。」（二三6～7 新改訳三版）

キリストを伝えるとき、さまざまな反応がある。日本人には無関心が一番多いかもしれない。インパクトのある証し・伝道が必要とされている。

パウロは、千人隊長の許しを得てユダヤ人たちに証ししたが（二二1～21）、彼らの反応は激しい怒りであった（同22～23節）。

千人隊長は、兵営でパウロをむち打って、何をしたか自白させようとする（同24節）。このむち打ちは主イエスも受けたもので、命を落としかねないものであった。そこでパウロはローマ市民の身分を明かす（同25節）。ローマ兵たちは恐れ、乱暴な取り調べを控える（26～29節）。千人隊長は事態を把握する情報を得るため、ユダヤ人の議会を召集した（同30節）。こうして、パウロの二回目の弁明が始まる（二三1～10）。

その結果、議会が真っ二つに割れる衝突（7節）となったので、千人隊長は、パウロを力ずくで助け出した（9～10節）。その夜、主はパウロのそばに立って語り、彼を励ました（11節）。パウロの二回目の弁明は、強烈なインパクトがあったのである。

パウロのようなインパクトを与える証しの秘訣は何か。それは、①真実な証し、②勇気ある証し、③知恵による証し、④主の守りと導きによる証しである。

一、真実な証し（1節）

パウロが開口するや、大祭司の怒りを買った。しかし、それは真実なことばであった。かつてパウロは教会を迫害したが、それは無知のゆえで（Iテモテ一13）、神と律法については良心に恥じない熱心さがあった（ピリピ三5～6）。キリストに出会った後は、ひたすらキリストを宣べ伝え、福音の真理のために命をかけて生きた。

証しの内容によっては、自慢に聞こえないかと心配なこともあろう。しかしパウロも「ほかのすべての使徒たちよりも多く働きました」と言う（Ⅰコリント一五10）。それは自慢ではなく、迫害者を赦し、救い、使徒としてくださったキリストの絶大な恵みを証ししている。事実は最も力強く語る。与えられた恵みをそのまま語りたい。仮にことばが拙くとも、変えられた自分をそのまま見せると良い。論より証拠である。

二、勇気ある証し（2～5節）

議会の指導者である大祭司アナニヤに向かって、パウロは皮肉を交えて大胆に語る。彼は、キリストの証人として、大祭司をも恐れなかった。

アナニヤに対するパウロのことば、「白く塗った壁」は主イエスのことばを思わせる（3節↓マタイ二三27）。それは、怒りに任せた裁きへの痛烈な批判であった。この勇気は、キリストにならうところからも来ている。

「神の大祭司をののしるのか」との声に（4節）、パウロは皮肉たっぷりに、「大祭司だとは知らなかった」と言って出エジプト記二二章28節を引用し、「私は律法にそむきませんよ」と言わんばかりに語る（5節）。

パウロのこの勇気は、キリストによって義とされ、キリスト御自身に立てられたという確信から来ている。パウロには、神とキリスト以外に恐れるものは何もなかった。ステパノも、他の使徒たちもそうであった。このような確信と勇気が人の心を揺さぶる。

三、知恵による証し（6〜9節）

パウロは、議会がサドカイ派とパリサイ派に分かれているのを咄嗟に見てとり、パリサイ派に訴えかける（6節）。

まずパウロは、自分がパリサイ人であると言う。パウロは、以前はパリサイ人であったが（ピリピ三5）、救われて使徒となった後もパリサイ人であり得たかどうか疑問視し、パリサイ派を味方につけようとする方便だと批判する学者もいる。しかし、パリサイ派のままクリスチャンになることもあり得た（一五5参照）。「死者の復活という望み」（6節）は、「望みと死者の復活」が直訳で、メシア待望と、メシアがもたらす最後の救いという二つのことを意味したと見られる。それはパリサイ派も当然信じていた。

パウロのことばに、議会はパリサイ派とサドカイ派の二つに割れ（7〜8節）、パリサイ派の中には、パウロを肯定的に受け止める律法学者も出て来た（9節）。パウロは、大変な爆弾を投じたのである。それは咄嗟に与えられた知恵によった。

咄嗟に知恵が浮かぶために、いろいろな想定をした訓練も必要だが、時には黙って耐えることが最善の場合もある。聖霊の導く知恵に従いたい。

四、主の守りと導きによる証し（11節）

パウロは、敵に囲まれたエルサレムで、ローマ兵に捕らえられて辛うじて守られている状況にあった。しかしその夜、主がパウロのそばに立ち、励ましてくださった。主が姿を現わされたところに、この局面の重大さがよく示されている。

主の励ましのことばは、ここまでのパウロの二回の弁明が主の守りと導きの中にあったことを示している。後世の聖書学者がどう批判しようと、主がパウロの証しを導いておられた。もちろん、その後のローマでの証しに至るまで、主は守り、導いておられた。

私たちは、私たちなりの勇気を出し、知恵を振り絞って証しする。それは、時には失敗に思えることもある。しかし、すべて主の守りと導きのもとにあることを覚えたい。使命を果たすまでは、誰も指一本触れることはできない。

――二〇一二年四月二九日　主日礼拝

主の守りの不思議〔未然に防がれた陰謀〕　使徒二三11〜30

「その夜、主がパウロのそばに立って、『勇気を出しなさい。あなたは、エルサレムでわたしのことをあかししたように、ローマでもあかしをしなければならない』と言われた。」

（二三11 新改訳三版）

私たちは、神に守られて生活している。信仰を持って生きること、キリストを証しすることで身にふりかかってくる危険もあるが、私たちは守られている。

パウロは、ユダヤ人の迫害、エペソの暴動、エルサレムでの逮捕、議会での証しにおいても守られてきた。しかしここでは、さらに大きな暗殺の陰謀に直面する。

それは、四十人以上の過激なグループによる、パウロを殺すまでは飲み食いしないという誓いまで伴ったもので（12〜13節）、祭司長、長老たち、議会まで巻き込んで、パウロを議会に連れて来させ、その途中で殺そうという陰謀であった（14〜15節）。

そのグループは、パウロが間違えられた「エジプト人」と呼ばれるテロリストの一派（二一38）と考えられる。記録によれば、彼らは、荒野に逃げた後エルサレム近くの山中に潜伏し、エルサレムを占領しようと待っていたが、総督ペリクス（）の攻撃によって多くが殺され、捕らえられ、四散した。しかしリーダーは捕らえられていなかった。

そのような陰謀は、千人隊長の命令で、ローマ兵がパウロをカイザリヤに護送することで、未然に防がれた。ルカは、その一連の出来事をかいつまんで描写するのみで、主の直接の介入には言及しないが、その背後には、不思議な主の守りがあった（11節）。

私たちもキリスト者として、いろいろな危険や困難に出くわす。そのような中でも、主は私たちを守っていてくださる。私たちは、キリストに反対するこの世にあっても、主に守られる。では、主はどのように私たちを守ってくださるのか。パウロへの守りに見られるのは、主が、①思いがけない人を用いて、②社会制度・権利を用いて、③異教徒の思惑を用いて守ってくださったことである。

一、思いがけない人を用いて（16節）

主は、思いがけない人物を用いて守られる。

この陰謀に最初に気付いたのは、「パウロの姉妹の子」であった。この記述は、聖書中で唯一パウロの親族が登場する箇所である。妻に関する言及はあるが（Ⅰコリント九5）、パウロに妻がいたかどうかは不明。家族、親族への言及が新約聖書にほとんどないことから、パウロはキリストを信じたため、家族から縁を切られたようである。そんな中、パウロの甥がパウロ暗殺の陰謀を聞きつけ、パウロに伝える。

この青年が、どうやって陰謀を聞きつけたかは、詳しく語られない。推測も困難だが、この青年は過激派とは関わりがなさそうである。祭司長や長老たちと、何らかのつながりがあったのかもしれない。この青年やパウロの姉妹がキリスト者であったかどうかも不明。パウロの姉妹の子であるから、親族の情は失わなかったのであろう。主は、不思議な人を起こしてお守りくださる。主はどんなことでもなさる。

二、社会制度・権利を用いて（17～22、27節）

主は、必ずしもキリスト教的でない社会制度や権利を用いて守られる。

パウロの甥がパウロに会えたのは、ローマの法律で家族・親族の囚人への面会が許されていたからである。もちろん、パウロはローマ市民だったから、囚人であってもある程度の自由が許されていたのでもあろう。

百人隊長がパウロに従って青年を千人隊長に会わせたのも、パウロがローマ市民だったからであろう。彼が生まれながらのローマ市民と聞いて、兵たちが即座に彼から身を引いた場面を思い起こしていただきたい（二二28〜29）。

千人隊長も青年の手を取って（この丁重さ！）、誰もいない所に連れて行って内密に話を聞く（19〜22節）。そして、秘密が漏れないよう細心の注意を払い（22節）、すぐにパウロの安全確保の行動を起こす（23〜24節）。これもまた、パウロがローマ市民だったからである。このように、ローマ帝国の制度を用いて、主はパウロを守られた。

今の日本は特権階級などないが、基本的人権が保証されているので、キリスト者だからと不当な扱いを受けることはない。社会的信用などが用いられることもある。

三、人の思惑を用いて（23節以下）

主は、人々のさまざまな思惑さえも用いて守られる。千人隊長が、パウロを特別扱いにしたのは、彼がローマ市民だったことと同時に、いくつかの思惑があったと思われる。

千人隊長は、知らなかったとはいえ、パウロを縛って裁判にもかけずにむち打って取り調べようとした（二二24～25）。それは、ローマ市民に対しては許されないことで、発覚すれば千人隊長の落ち度となった。細心の注意を払った取り扱いや迅速な措置は、パウロの好意を得て、内密にしてもらうためでもあろう。また、ローマ市民が被支配民に捕らえられ、殺されたら、それは千人隊長の落ち度となった。だから彼は、どんな奇襲攻撃にも対応できる厳重な警備態勢を整えて、パウロを護送する（23～24節）。

また、総督ペリクスに宛てた手紙で、千人隊長は、あたかも初めからパウロがローマ市民であるのを知っていて暴動から救ったかのように書き（27節）、罪のないパウロを守ろうとしていることや、陰謀を自分の力で察知したかのように書き、治安維持のために日夜尽力していることを暗にアピールする（28～30節）。人の思惑は自分の利害を中心にしているものであるが、主はそれさえも用いて御自身の証人を守られる。

このように、主がお守りくださっているのだから、臆せずキリストを証ししていきたい。

――二〇一二年五月二十日　主日礼拝

地上の法廷と神の法廷〔神の前の三つの態度〕　使徒二四章

「しかし、私は、彼らが異端と呼んでいるこの道に従って、私たちの先祖の神に仕えていることを、閣下の前で承認いたします。私は、律法にかなうことと、預言者たちが書いていることとを全部信じています。」（二四14 新改訳三版）

本日の箇所は、総督ペリクスの前でのパウロの弁明（三回目）である。

パウロの暗殺計画があったため、千人隊長クラウデオ・ルシヤ（新改訳2017：クラウディウス・リシア）は、自分の保護下にあるローマ市民を守るため、パウロをカイザリヤに送る（二三13以下）。大祭司たちはパウロを訴えるためカイザリヤに下って来て、パウロとともに総督ペリクスの法廷に立つ。ユダヤ議会（法廷）での弁明（二三1〜10）に続いて、ローマの法廷での弁明である。

ここには、三種類の人たちが登場する。キリストに敵対する大祭司たち（ユダヤ人たち）、キリストを信じるパウロ、態度を明確にしないペリクスである。14〜16節のパウロの信仰の表明は、婉曲ながら意味は明白である。パウロは、律法と預言者（旧約）に証しされていたキリストを信じ（14節）、永遠の希望を持ち（15節）、信仰にふさわしく生活していた（16節）。

25節では、パウロがやがて来る神の審判について語る。パウロを法廷で裁くペリクス（新改訳2017：フェリクス）も、ユダヤ人たちも、やがては神の法廷に立つ。私たちは、時間が許されているうちに、キリストに対する態度を決めなければならない。

そこで、三種類の人々、大祭司たち、パウロ、ペリクスを比較しながら、やがて私たち皆が立つ神の法廷に備えるため、私たちのキリストに対してとるべき態度を考えたい。

一、キリストに敵対する者＝大祭司たち（1〜9節）

まず、最初に法廷で発言するのが、大祭司の代わりにパウロを訴えるテルトロである。大祭司たちの立場はキリストに敵対し、パウロを亡き者にしようとするものである。

テルトロは弁護士だった（1節）。多分彼は外国育ちの離散のユダヤ人。弁舌の専門家で、大祭司に代わってギリシア語かラテン語で総督に訴えるために雇われたようだ。

テルトロの前置きは、明らかな嘘を交えた媚びへつらいである（2〜4節）。ペリクスの政治は平和などをもたらさなかった。むしろ熱心党を強硬に弾圧し、六六年に始まる反乱（ユダヤ戦争）の要因となった（二一38参照）。

　次に彼が述べるのは、パウロへの誹謗中傷である（5節）。「ペストのような存在」はパウロの伝道の感染力を物語る。しかし、いつも騒ぎを起こしたのはパウロを迫害するユダヤ人たちであった。そして、当面の罪として宮を汚そうとしたと述べる（6節）。これも虚偽。何としてもパウロを殺したかったのは、先の暗殺計画でも明らかである。

　このように、心にもないお世辞を並べて媚びへつらい、嘘をついてでもパウロを殺し、キリスト者を滅ぼそうとしていたのが大祭司たちだった。この姿勢は、主イエスを十字架につけた罪をおおい隠そうとした大祭司アンナス、カヤパの時から一貫している（四章＝迫害の始まり、六10〜七章＝ステパノの殉教）。

　私たちは、神の前に罪を隠すことはできない。どうごまかしても、すべて神に知られている。神に敵対するなら、滅びしかない。

二、信じて希望に生きる者＝パウロ（10〜21節）

　次に登場して弁明するのが、パウロである（10節）。彼は、キリストを信じて、永遠の希望に生きる者であった。

パウロの総督への挨拶は、媚びへつらわず、簡単に敬意を表するだけのものだった。さらに、宮を汚そうとしたことは事実無根であると述べる（11～13節）。「まだ十二日しか……」は、そんな短い間に何もできない、調べればすぐわかる……ということであろう。

次に、自分の信仰について弁明する（14～16節）。遠回しな表現であるが、自分はキリストの福音を信じて神に仕えており、律法が述べる罪の規準も、キリストを証しする律法と預言者（旧約聖書）も全部信じている、ということ（14節）。そして、終わりの時に復活し、永遠のいのちを与えられる希望を持っている（15節）。言うまでもなく、それはキリストの十字架によって罪赦されたからである。だから、今の地上の生活も、できる限り神にも人にも責められない良心に従った生活をしている（16節）。

最後に、パウロは今回のエルサレム上京と逮捕のいきさつや、ユダヤ議会での裁判について弁明する（17～21節）。宮でも議会でも、パウロが騒動を起こしたのではない。

神の前に心を責められず、正しく生きることは、キリストに罪を赦され、きよめられて初めてできる。神の法廷に立つことができるのは、キリストによる。

三、優柔不断な者＝ペリクス（24～27節）

三番目に見たいのは、ペリクスである。彼は優柔不断で、明確な態度をとらなかった。ペリクスは、キリスト教について相当詳しい知識を持っていた。そこで即断を避けて裁判を延期する（22節）。そして、パウロにある程度の自由を許した（23節）。パウロに非がないとわかっていたようだ。そして、さらにパウロの話をユダヤ人の妻とともに聞くが、正義、節制、最後の審判などを聞いて恐れ、聞くのを止める（24〜25節）。

パウロから賄賂をもらおうという この世の欲もあった（26節）。また、ユダヤ人にも恩を売ろうとパウロを釈放しなかった（27節）。強硬路線を、こんなところで埋め合わせしようとしていたのであろう。それは、総督交代まで二年間も続いた（27節）。

私たちは、皆いつか神の前に立つ。この世の欲や人に気を取られていては神に従えない。キリストを信じて、明確な確信と平安を持って神の前に立つ者でありたい。

——二〇一二年六月二四日　主日礼拝

福音の摂理的前進〔カイザルへの上訴〕　使徒二五1〜12

「そのとき、フェストは陪席の者たちと協議したうえで、こう答えた。『あなたはカイザルに上訴したのだから、カイザルのもとへ行きなさい。』」（使徒二五12 新改訳三版）

「さて、兄弟たち。私の身に起こったことが、かえって福音を前進させることになったのを知ってもらいたいと思います。」（ピリピ一12 新改訳三版）

主のために行うことが計画通りに行けば良いが、計画が崩れてしまったのに、不思議な主の導きで目的が果たされたり、良い結果になったりすることもある。

この箇所は、新総督ポルキオ・フェスト（→二四27）の前でパウロが弁明する場面である。ユダヤ人たちは、新任であまり事情に詳しくないフェストにつけ込んで、パウロをエルサレムで裁くことにして途中で殺そうとしたが、できなかった（1〜5節）。そこで、カイザリヤで裁判ということになった（6節以下）。それは、パウロがカイザルに上訴するという結果になった（11

節)。それはパウロがローマに行って裁判を受けるということを意味した(12節)。ローマ市民は皇帝の裁判を受ける特権があった。

これから詳しく見るが、パウロの上訴は、ただのローマに行く計略ではない。そうせざるを得ない状況となったのである。しかしそれは、期せずして「地の果てまで……」(一8)という主の宣教計画を前進させることになった。

私たちは、困難の中でも福音を伝えていきたい。神は、①敵意をも用いて、②我欲をも用いて、③宣教者の必要をも用いて福音を前進させるからである。

一、敵意を用いて(2~3、7節)

神は、敵意をも用いて福音を前進させる。

ユダヤ人たちのパウロへの敵意は、簡単には変わらないものだった。

パウロが逮捕されてから、すでに二年が過ぎていた(二四27)。その間には、ユダヤ人の記録では、大祭司が交代したようである。それでもパウロを殺そうとするユダヤ人の意図は変わらず、新たな暗殺計画も立てられていた(3節)。彼らはフェストに訴え出て、パウロをエルサレムに呼び出して殺そうとしたが、フェストに断られる。しかしユダヤ人たちは、カイザリヤに来て執拗にパウロに罪を着せようと訴える（7節）。

この執拗な敵意のゆえに、命を狙われる状況はいつ終わるかわからなかった。それを確実に終わらせるためには、カイザルに上訴してローマで裁判を受けるしかなかった。こうしてパウロは、ローマ宣教の機会を得る。神は、ユダヤ人の敵意をも用いて、福音を前進させた。

二、我欲をも用いて（9節）

神は、我欲をも用いて福音を前進させる。

新総督ポルキオ・フェストは、なかなか職務に忠実な人だったようである。着任の三日後には早くもエルサレムに行く（1節）。それは、統治にあたり、ユダヤ人の指導者たちとの協力関係を確立するためであろう（2節）。しかし、ユダヤ人たちが新任総督の無知につけ込もうとすることは許さず、正規の手続きを踏ませる（2〜5節）。

それでも正義を貫くような人でもなく、パウロの主張が正しいとわかっていても、ユダヤ人の歓心も買おうとしてエルサレムで裁判することを提案する（9節）。先の態度と矛盾するようだが、要するに無難に総督の職務を全うしたいだけであった。

フェストは、強硬で圧制的なペリクスより融和的で、よい総督とも言えよう。フェストは、五九年から六二年に世を去るまでユダヤ総督であり続けた。しかし、それも彼のこの世で成功したい欲望のゆえであった。

このフェストの我欲がある限り、パウロが正しく、ユダヤ人たちが間違っているという白黒決着には至らず、決して裁判で正義が行われることはない。パウロには、上訴するしか残された道はなかった。フェストの我欲、ご都合主義によって、パウロはローマ行きへと追い込まれ、福音は前進するのである。

三、宣教者の必要を用いて（10〜11節→21節）

神は、宣教者の必要をも用いて福音を前進させる。

パウロは、非常に危険な状況にあった。ユダヤ人たちは、相変わらずパウロを殺そうと、総督に働きかけ続け、暗殺しようという意志を捨てていない。また、総督フェストは、ユダヤ人の歓心を買うために、パウロをエルサレムに連れて行こうとする。それは、結局ユダヤ人たちにパウロを引き渡す結果になるとパウロは知っていた（11節）。

パウロは、公正な裁判を受けるためだけでなく、命を守るためにもカイザルに上訴するしかなかった。そうすることでローマ帝国による保護を確保できたのである（21節）。カイザルへの上訴はローマ市民の特権であるが、裏を返せば、単にローマ市民というだけでは危険なほど、パウロはユダヤ人の敵意とフェストのご都合主義に追い込まれていたのである。

命を守るために選んだ道が、結果的にローマ宣教の道を開くことになる。パウロの切実な必要を用いて、神は福音を前進させたのである。

迫害とは違うが、私たちが今所属し、礼拝しているコイノニア福音グループ創立時の伝道は、教会に任命されず、収入もなく、どう生活するか追い込まれた牧師一家から始まった。

私たちにとって、苦境とも言える状況があるだろうか。主はそこから不思議な方法で道を開き、福音宣教を進めてくださる。全世界に福音が広がる基となった異邦人伝道にしても、ユダヤ人の拒否から始まっている。さらに元を質せば、福音そのものが、主イエスの十字架の死からの大逆転、復活から始まっている。苦しい時こそ主に期待したい。

——二〇一二年七月八日　主日礼拝

人を引きつけるもの〔総督と王が見たパウロ〕　使徒二五13〜27

「すると、アグリッパがフェストに、『私も、その男の話を聞きたいものです』と言ったので、フェストは、『では、明日お聞きください』と言った。」（使徒二五22 新改訳三版）

「人に知られないようでも、よく知られ、死にそうでも、見よ、生きており、罰せられているようであっても、殺されず、悲しんでいるようでも、いつも喜んでおり、貧しいようでも、多くの人を富ませ、何も持たないようでも、すべてのものを持っています。」

（IIコリント六9〜10 新改訳三版）

私たちの多くは庶民で、問題と格闘しながら生きている。しかしパウロも、ローマ市民という社会的地位、すばらしい学識を持ちながら、飢えや貧しさ、迫害、むち打ち、投獄などに耐えながら伝道した。ここでは、二年間も囚人となった。それでも彼は、総督にも王にも、何らかの興味を持たせたようである。

ここでは、フェストを表敬訪問したアグリッパ王とベルニケ（王の妹）に対して、フェストがパウロについて語っている（23〜27節は翌日）。アグリッパの訪問は、ローマの統治への協力を表明し、よい関係を築くためであろう。フェストにとっても、ユダヤ人に詳しいアグリッパは、パウロの問題の良い相談相手となった。

フェストの話を聞いて、アグリッパもパウロに興味を示す（22節）。彼らにとって、パウロという人は、何か普通でない、興味を持たせる存在だったのである（二六31〜32参照）。フェストが語るパウロ像から、何がフェストやアグリッパを引きつけ、興味を持たせたかを探りたい。そこに、困難の中での証しの可能性を見出したい。

フェストが見たパウロは、総じて言えば「逆説的」と言える（Ⅱコリント六9〜10）。つまり、①訴えられても潔白、②弱いけれども強い、③死んでも生きている主を信じている、という存在であった。

一、訴えられても潔白（18、25節）

フェストが見たパウロは、訴えられていたが、潔白な者であった。ユダヤ人たちは、パウロを憎んで殺そうとしていた。ローマ総督への訴えは、その手段だった。

第一回伝道旅行以来、ユダヤ人たちは執拗にパウロを迫害していたが、エルサレムでの逮捕のきっかけは、アジヤから来たユダヤ人たちに煽られた暴動であった（二一27以下）。それは、ローマ兵の介入で阻止されたが、パウロは逮捕される（二二章）。

さらにパウロは、ユダヤ人の議会（裁判）にかけられる（二三1～10）。その後、パウロの暗殺計画が起こるが、パウロはローマ兵に保護されてカイザリヤに送られる（二三12以下）。総督ペリクスの前で、パウロはユダヤ人たちに訴えられて弁明する（二四章）。そして、次の総督フェストの前での弁明に至った（二五1～12）。

しかし、憎まれ、迫害され、訴えられても、パウロは自分から騒動を起こしたこともなく、罰せられるようなこともしていない。それはフェストの見解でもあった（18、25～26節）。なぜここまで憎まれているのかとフェストは興味を覚えたのであろう。

主イエスも、ピラトは何の罪も認めなかったが、憎まれ、ねたまれ、十字架につけられた（ルカ二三22）。キリスト者はどれほど正しくても、神に敵対する者には憎まれる。しかし、悪くないのになぜ憎まれるのかと、誰かが興味を示すこともある。

二、弱いけれども強い（21、25節b↓11節）

フェストが見たパウロは、孤立した弱い者でありながら、強い者であった。

パウロは、ユダヤ人たちが暗殺計画を立てたり、執拗に訴えたりで、ローマの保護が必要な弱い立場にあった。しかしパウロ自身は、自分の潔白を主張し、皇帝への上訴を当然の権利として主張するなど、恐れ惑っている様子は少しもない。もちろんそれは、神の前に正しいことを行っているという確信から来ていた。ユダヤ人のローマに媚びへつらった弁論（二四2〜3）や、憎悪に満ちた中傷（二四5〜9）とは対照的に、パウロは自分のしてきたことを堂々と述べる。

孤立した、危険な状況での確信ある強い姿勢には、フェストも（ペリクスも）何かを感じたであろう。キリストの力は弱さの中で現される（Ⅱコリント一二9〜10）。

キリスト教信仰は、理論哲学の上に立っているのではない。救い主が死んでよみがえられた事実、キリストが確かに私たちを救ってくださったという事実の上に立っている。確信を持っていきたい。

三、死んでも生きている主を信じている（19節）

フェストが見たパウロは、死んでも生きている主を信じている者であった。ルカが記すフェストの前でのパウロの弁明（8節）は、すべてを記していないのかもしれない。あるいは、取り調べの際に、さらに細かいことを語ったのかもしれない。いずれにせよ、パウロのキリストへの信仰は、間違いなくフェストに伝わっていた。

主イエスこそが、パウロが持っていたすべての逆説の根源である。イエス御自身が、十字架で死刑にされたがよみがえられた。そして、イエスの反対者たちが勝利したと思った十字架が、実は罪の贖いであり、そこに救いと勝利があった。復活はその確証である。パウロはこのイエス・キリストに出会い、名誉も地位も学識も投げ捨てて、困難や弱さを喜んで身に負ったのである。

フェストもアグリッパも時の支配者だったが、このみすぼらしい伝道者と遭遇しなければ忘れ去られただろう。私たちも、この世でどれほど小さくて無力でも、永遠に神に覚えられている。粛々と、この逆説的なキリスト者の生き方を貫いていきたい。それを人々が見てキリストに興味を抱く。「人に知られないようでも、よく知られ……」。

——二〇一二年七月二十二日　主日礼拝

キリストの救いの目的〔アグリッパ王への弁明〕　使徒二六章

「それは彼らの目を開いて、暗やみから光に、サタンの支配から神に立ち返らせ、わたしを信じる信仰によって、彼らに罪の赦しを得させ、聖なるものとされた人々の中にあって御国を受け継がせるためである。」（二六18 新改訳三版）

キリストの救いを受けた人々は、そのすばらしさのゆえに、一人でも多くの人にキリストを知ってもらいたいと思うだろう。

二六章は、アグリッパ王に対するパウロの弁明である。その内容は、挨拶（2〜3節）、パウロのユダヤ教時代（4〜11節）、キリストとの出会い（12〜18節）、宣教者としての働き（19〜23節）である。パウロ自身の回心体験への言及は二二章に続いて二回目。**使徒の働き**の記述としては三回目である。キリスト教史におけるその重要性がわかる。

キリストは、迫害者パウロを救い、宣教の任務を与えて遣わした（16〜18節）。パウロは、その任務を命がけで忠実に果たしてきた（19～20節）。

パウロは、フェストとアグリッパに語る時も任務に忠実で、無罪を主張するためではなく、彼らにキリストを伝えるために話していた。パウロと彼らのやりとりで（24～29節）、フェストは動転し（24節）、アグリッパはパウロに答えずに逃げるが（28節）、迫りを感じたのは明らかである。

パウロが救われた目的は、このようにキリストを宣べ伝えることであった。その働きを最もよく要約するのは18節であろう。それは、①神に立ち返らせ、②キリストを信じる信仰による罪の赦しを与え、③御国を受け継がせることである。このように、キリストとの出会いと自分の使命を語るパウロの弁明には、**使徒の働き**終盤のクライマックスとも言える力強さがある。

私たちも、目的なしに救われているのではない。パウロ同様、私たちもキリストの救いの証人として、人々をキリストの救いに導くために救われた。それでは、どうすればその目的を果たせるのか。それには、①神に立ち返らせる、②罪の赦しを得させる、③御国を受け継がせることである。

一、神に立ち返らせる

救いに導くということは、神に立ち返らせることである。パウロは、ユダヤ人にも、異邦人にも遣わされていた（17節）。両者とも、神に立ち返る必要があったのである。異邦人は、聖書が示す唯一の神、天地創造の神、人間を造られた神を知らない。この神がわからなければ、罪も、救いも、滅びもわからない。

ユダヤ人は天地創造の神を知っていたが、それだけでは救われない。キリストは旧約聖書に預言されていた（22節）。キリストを通して世界を救うのが神の永遠の御計画である。キリストを信じなければ、神に立ち返ったとは言えないのである（ヨハネ一四6）。

神に立ち返るということは、闇から光へ、サタンの支配から神の支配に移ることである。私たちは、どれほど良識的に行動しているつもりでも、誰もが心に闇を持っている。戦争、争い、憎しみ、いじめなどが絶えないのは、そのためである。この暗闇はサタンの支配である。神に立ち返る必要は、すべての人にある。

二、罪の赦しを得させる

救いに導くということは、キリストを信じさせて罪の赦しを得させることである。キリストは、十字架で死なれ、よみがえられた救い主である（23節）。十字架の死は、すべての人の代わりに罪の刑罰を受け、すべての罪を赦し、きよめるためである。復活は、その贖罪死が有効である証拠であった。

罪こそが、神と人とを隔てるものである。そして、その罪の根源は、アダム以来、人間が、人間を造られた神から離れていることである。具体的な数々の罪はその結果である。パウロは、神を神としてあがめないところから来る数々の罪をリストにしている（ローマ一29〜31）。自己中心は、自分を神にしている偶像礼拝と言えるだろう。

キリストが死んでよみがえられたのは、そのような罪を赦し、きよめ、神中心の新しい生き方へと造り変えるためである（20節）。

三、御国を受け継がせる

救いに導くということは、キリストを信じさせて御国を受け継ぐ者とすることである。御国を受け継ぐというのは、永遠のいのちをいただき、神の子とされ、永遠の神の国の相続者とされることである。私たちの肉体は、いつか朽ち果てる。死ななかった人はいまだかつていない。しかし、死んでよみがえられた救い主を信じて、罪を赦され、永遠のいのちの希望を持つことは、なんという幸いだろうか。

「神の子とされる」という表現が、新約聖書にある。子は、親から生まれ、親の相続権を持つ者である。神の御国の一員として、御国に分け前を持つ者とされるのである。パウロの時代のローマ法では、相続者として養子縁組した後に実子が生まれても、その相続権は変わらなかった。私たちは皆神から離れた罪人であるが、キリストを信じて罪赦されたがゆえに、神は養子として相続権を与えてくださったのである。

このすばらしい救いを受けた私たち。「伝えたい」と思わないだろうか。キリスト者すべてが「地の果てにまで、わたしの証人となります」(一8)とは、**使徒の働き**のメッセージそのものである。パウロも、救われてキリストの証人となった。私たちも、皆そうなりたい。そのような人々によって教会の歴史は動かされてきた。**使徒の働き**は、今日も綴られていくのである。

——二〇一二年七月二十九日　主日礼拝

嵐の中の信仰〔危険から救うキリスト者〕　使徒二七章

「ですから、皆さん。元気を出しなさい。すべて私に告げられたとおりになると、私は神によって信じています。」（二七25新改訳三版）

キリスト者は、社会でどのような役割を果たせるだろうか。世界の光として直接キリストを示すとともに、地の塩として知恵を用いたり、腐敗をとどめたりすることを、主イエスは語られる（マタイ五13〜16）。社会に警鐘を鳴らし、人間本来の道を示すのも、キリスト者の役割ではないだろうか。

パウロは、カイザルに上訴したため、ローマに送られる（二五11〜12、21、25、二六32）。その旅が記されるのが二七章である。

パウロは、ユリアスという親衛隊の百人隊長に渡され、著者ルカや、テサロニケのアリスタルコも同行した（1〜2節）。船は地中海東岸に沿って航行し、ルキヤのミラに入港、そこから、イタリヤに行く船に乗り換え、クレテ島の南岸中央部の「良い港」に入る(3〜9節)。ここまでは順調であったが、航海が危険な季節に入っていた(9節)。

航海士や船長は、冬を過ごすために、クレテ島の西端にあるピニクスに行こうとする。多分近くのラサヤの町が小さく、宿を探すのが難しかったからであろう(11〜12節)。しかし、航行を始めると北東からの暴風が吹き、船は遭難する(13節以下)。しかし、さまざまな困難を経て、ついには船に乗っていた人々は一人残らず助かる(44節)。そのような劇的な生還へと導いて行ったのは、囚人のパウロであった。

パウロが同船した人々を一人残らず助からせたことは、混迷をきわめる現代社会で、キリスト者が果たせる役割に大きな示唆を与える。キリスト者は、人々を危険や困難から救うことができる。それは、①信仰の経験による知恵、②みことば信仰による励まし、③信仰の目による判断による。

一、信仰の経験による知恵(9〜10節)

世の人々を危険や困難から救うのは、キリスト者の信仰経験による知恵である。

パウロは、キリストを宣べ伝えるために長く旅行していて、船旅も陸路の旅も熟知していた。

その経験的知恵から、パウロはもう航海が危険であると人々にアドバイスする。

この時期は、多分十月初旬（五九年の断食＝贖罪の日は十月五日）。九月中旬から、地中海の航海は危険な時期に入り、十一月半ばには決して航海できない時期に入った。

パウロは、すでに難船の経験が三度もあった（Ⅱコリント一一25）。キリストのために旅をしてきた経験から、パウロは人々に危険を説いたのである。そして、パウロの経験的知恵は、航海士や船長よりも的確で、パウロのことば通り、彼らは遭難する（21節）。

キリスト者も、さまざまな経験をする。それが神の知恵として蓄積されるとき、この世に対してさまざまなアドバイスをすることができる。キリストを信じる前の経験さえも、みことばと神の法則で整理され、的確なアドバイスとなることが多い。

二、みことば信仰による励まし（21～26節、33～36節）

世の人々を危険や困難から救うのは、みことばへの信仰からくる励ましである。

パウロは、船の人々に、主から語られたみことばを根拠に、大事なところで大きな励ましを与える。暴風に吹き流され、翻弄されるしかなく、太陽も星も見えず、絶望的と思われた時（15～20節）、パウロは立ち上がる（21節）。

彼が語るのは、神のメッセージによる励ましである。御使いは、パウロに必ず約束が果たされ、彼がカイザルの前に立つことを再び伝える（24節）。パウロの励ましは、根拠のないものではなく、彼に与えられた主の約束に基づいている。彼とともにいる人々も、その約束の恩恵にあずかる。

さらにパウロは、陸地が近づいてきたと思われる時（27～28節）、人々に食事を勧め、再び的確なアドバイスと励ましを語る（33～36節）。ここでの「髪一筋も……」という励ましは、主イエスのみことばからであろう（34節、マタイ一〇30）。

聖書のみことばは、一般論的にさまざまなことを約束したり保証したりするが、特定の事への約束を与えることもある。キリスト者に与えられた神の約束は、世の人にも大きな励ましとなる。私たちも、みことばからこの世にアドバイスや励ましを与えていきたい。

三、信仰の目による判断（29～32節）

世の人々を危険や困難から救うのは、信仰の目による状況の判断である。これは信仰経験から来る知恵とも重なるが、咄嗟に状況に対処する判断をくだす点に特徴がある。

パウロは、陸地に近づいたとき、水夫たちが、自分たちだけ逃げ出そうとしているのを見る

（29〜30節）。パウロは咄嗟に百人隊長や兵士たちにそれを告げ、阻止させる（30〜32節）。もはや百人隊長も兵士たちもパウロの指示で動いている観がある。

兵士たちが囚人の逃亡を防ぐために殺そうとすると、百人隊長はパウロを助けるためにそれを抑え、皆泳いだり物につかまったりして陸に上がるように命じる（42〜44節）。パウロの知恵と励ましと的確な判断は、百人隊長の尊敬と信頼を勝ち得たのである。

先述の食事をするよう人々に勧めたことも、的確な状況判断と言える。一般論として何が正しいかも重要であるが、今何をすべきかを示すことも劣らず重要である。そこにも、みことばと経験からの知恵を用いたい。

映画「アメイジング・グレイス」のウィリアム・ウィルバーフォースは、リンカーンに先駆けて、生涯をかけて奴隷解放を成し遂げた。社会の罪を正し、多くの人々を誤りから救い出したキリスト者の典型である。

――二〇一二年八月十二日　主日礼拝

嵐の後の休息〔マルタ島のパウロ〕　使徒二八1～10

「さて、その場所の近くに、島の首長でポプリオという人の領地があった。彼はそこに私たちを招待して、三日間手厚くもてなしてくれた。」（二八7 新改訳三版）

暑い夏、一杯の冷たい水を思い浮かべただけで心が潤う。私たちは、しばしば困難や試練を通過するが、主はそのような時にも、深い平安と安息の時を与えてくださる。

嵐と難破から助かったパウロたちは、マルタ島に漂着した（1節）。そこで過ごした冬は、島の人々に親切にもてなされ、豊かな休息の時となった。

伝道に明け暮れ、絶えず迫害や困難に悩まされたパウロにとって、このように平安に過ごす日々は、伝道旅行の合間にアンテオケで過ごした日々以外あまりなかったろう。

この遭難と難破の経験は、パウロの生涯でも、最も危険な時だったかもしれない。しかし主に信頼するパウロは、そこから救い出されただけでなく、親切な島民のいるマルタ島で、三か月ほど（11節）平穏な日々を与えられた。命からがら助かった経験からの癒やしだけでなく、ローマ伝道とカイザルへの証しという、パウロの伝道生涯のピークを前にして、この三ヶ月は、おおいに慰められ、励まされる平安な休息であったろう。

多くのストレスを抱えながら、仕事に、私事に動き回る現代人。私たちの人生にも、このような魂の休息のひとときが必要である。

私たちは、いかなる試練を通過したとしても、主によって助け出され、平安な魂の休息を与えられる。①主の慰め、②主の守り、③恵みの交わりによってである。

一、主の慰め（1〜2節）

私たちは、主が与えてくださる出来事を通して、慰められ、休息が与えられる。

マルタ島の人々は親切で、漂着した人々を助け、もてなしてくれた。「非常に親切にしてくれた」（2節）は、原語では「親切にする」「人情深い」などのことばが重ねられていて、彼らがパウロたちに、心から親切にしてくれた様子が表現されている。当然、一行の中にいた著者ルカもそれに接したので、細やかな表現になったのであろう。冬（晩秋）の雨で寒くなったので、彼らは火を焚いてくれた。行き届いたもてなしが窺える。

私たちも、このような思いがけない親切で、慰められることがある。主は、しばしばそういう人を、私たちの人生にも備えてくださる。

日本に来たスペイン人旅行者が、後日、道を教えてくれた若い日本人カップルへの感謝のことばをブログに書いていた。スペイン語がわからなかった男性は、彼らを残して駆け出し、わざわざ辞書を買ってきて道を教えた。このスペイン人家族の娘は、以来日本が好きになり、日本に留学した。そして、大震災を経験しても日本が大好きだからここに留まりたいと――。教会で、このような慰めが与えられるならば、すばらしいことである。

二、主の守り（3～6節）

私たちは、主の守りによって、休息が与えられる。

島の人々が親切に焚いてくれた火であったが、そこからまむしが這い出てきて、パウロの手に取りついた。このまむしは、パウロに「取りついた」（3節）と言われるが、「パウロの手から下がって」（4節）いたので、噛みついてぶら下がっていたようである。

島の人々は、パウロが悪人で、正義の女神（ディケー）の罰を受けたと考えたが（4節）、パウロはまむしを火の中に振り落とし、何の害も受けなかった（5節）。

島の人々は、一転して「この人は神さまだ」と言い出した（6節）。素朴で文明ずれしていない島の人々の様子がユーモアたっぷりに描かれる。「神さまだ」は行き過ぎだが、パウロが神に守られていることを、主は明らかに示してくださった。

後に島の首長に招かれるが（7節）、島の人々がパウロに並々ならぬ尊敬を持ったからであろう。パウロ一行は、ますます親切にもてなされたに違いない。

神は、この世の人々に対しても、自分自身でも、よくわかるように守っていてくださる。そして、主の守りの中で、私たちは安らかに休息する。テキサスにいた頃、遠い伝道地からの帰途、疲れてガソリンスタンドの駐車場で夜明けまで眠った。帰宅後、その夜近くのガソリンスタンドで強盗殺人事件があったのをニュースで知った。主の守り――。

三、恵みの交わり（7〜10節）

私たちは、恵みの交わりを通して、休息が与えられる。

島の首長ポプリオ（新改訳２０１７：プブリウス）は、パウロたちを招待して、三日間手厚くもてなした（7節）。まむし事件から、大きな島民の尊敬があったからであろう。

そこでパウロは、熱病と下痢で床に着いていたポプリオの父を祈って癒やす（8節）。それを聞いた島の病人たちも来て、治してもらう（9節）。

島民はパウロたちを非常に尊敬して、出発に際しては、すべての必要な品々を備えてくれた（10節）。迫害とは無縁な、神の恵みをまっすぐ手渡し、素直に受け取り、ともに喜ぶ心の通い合った交わりの様子が目に浮かぶ。このような神の恵みを中心にした交わりは、私たちの心を癒やすものである。パウロたちにとっても、そうであったろう。

テキサス州都オースティンの集会に加わったご家族は、ダラスの教会への献金を申し出られ、日本からの援助に大半頼っていた私たち夫婦は非常に助かった。このご家族との交わりは今も続いている。また、帰国が近い頃、テキサスの暑熱の中、わが家で唯一のエアコンが壊れた。そんな時、見知らぬ日本人の戸籍謄本の翻訳を引き受けたが、牧師なので礼金をお断りした。後日御礼状が届き、同封されていた小切手はちょうど新しいエアコンが買える金額だった。今度は私が御礼状を書き、主の恵みを感謝した。

——二〇一二年八月十九日　主日礼拝

教会の進む道〔ローマのパウロ〕　使徒二八11～31

「こうしてパウロは満二年の間、自費で借りた家に住み、たずねて来る人たちをみな迎えて、大胆に、少しも妨げられることなく、神の国を宣べ伝え、主イエス・キリストのことを教えた。」(二八30～31 新改訳三版)

教会は、教派によって習慣や形式が大きく異なる。しかし、どんな教会にも共通して与えられている任務は福音宣教である。

パウロは、遭難してたどり着いたマルタ島でもてなされて平穏な冬を過ごし、再び航海の季節が訪れてローマへと旅する(11～15節)。多分二月頃だったと思われる(難破から三か月後↓11節)。そしてローマに到着して自費で借りた家に落ち着くと(16節)、ローマのユダヤ人たちを呼んで話し合う(17～28節)。当然、伝道のためである。

パウロは、妨げられることなく二年間福音を宣べ伝え続けた(30～31節)。これは**使徒の働き**の結論である。**使徒の働き**は、聖霊の働きによる福音宣教と教会の前進の歴史であり、パウロ伝ではない。だから、ほぼ間違いなくパウロの死後書かれたにもかかわらず、パウロが福音を宣べ伝え続けたことを記して終わる。つまり、ペテロ、パウロの流れを汲む正統的な教会は、福音を宣教し続けるものだということを示している。

コイノニア福音グループも、志木教会も、ひたすら伝道することによって創立され、前進してきた。福音を伝えることこそが教会の使命であり、福音宣教なしに教会は存在せず、前進しない。

教会は、福音を宣べ伝え続けることができる。もちろん、それが**聖霊の働き**や伝道者のスピリットによることは言うまでもないが、さらに具体的な要因を、ローマ到着前後のパウロの様子から探りたい。それは、①お互いの励まし（14、15節）、②神の摂理的助け（16、21～22節）、③みことばの約束（25～28節）、である。

一、お互いの励ましによって（14、15節）

教会の宣教は、お互いの励ましによって支えられる。

ポテオリに上陸したパウロ一行は（13節）、その地の信者たちに迎えられて七日間滞在する（14

節）。パウロのローマ宣教以前からローマ周辺にも教会があった（ローマ人への手紙で明らか）。パウロの到着を知り、ポテオリの信者たちは一週間もてなした。

パウロは囚人であったが、ローマ市民でもあり、難破の際のリーダーシップから百人隊長の尊敬と信頼を得ていたので自由に滞在できたのであろう。このような交わりが、パウロにとって心温まり、励まされるものであったのは言うまでもなかろう。

さらに陸路の旅を続けると、アピオ・ポロ（ローマから約六十九キロメートル）、トレス・タベルネ（ローマから約五十三キロメートル）まで、ローマの兄弟たちが迎えに来ていた。それは前にローマ人への手紙を送っていたからでもあり、ポテオリの兄弟たちからローマに知らせが届いたからでもあろう。パウロは「彼らに会って、神に感謝し、勇気づけられた」（15節）。このような、兄弟たちの連携した歓迎と交わりが、パウロのローマ伝道の力となった。

いつの時代も、同労者、兄弟姉妹の励ましと協力によって、福音は前進する。

二、神の摂理的助けによって（16、21～22節）

教会の宣教は、神の摂理的助けによって進められる。

パウロは、囚人でありながら、番兵は付いたものの、自分の家に住むことが許された（16節）。

また、そこに人を招くのも自由だったようである。それはローマ市民の特権だったのであろうが、これが裁判を待つ間の二年間の伝道の助けとなる。

さらには、パウロがユダヤ人たちを呼んで、伝道の下準備のために自分の立場を説明すると（17〜20節）、ローマのユダヤ人たちは、キリスト教について悪いうわさを聞いてはいたが、比較的偏見なく聞こうとしてくれた（21〜22節）。それは、エルサレムからパウロについて知らせがまだ届いていなかったからであろう（21節）。

また、パウロのローマ到着は六〇年頃であったが、それ以前の四九年に、ローマでユダヤ人とクリスチャンの間に騒動があり（多分ユダヤ人の迫害による）、クラウデオ帝はローマからユダヤ人を追放した（一八2参照）。皇帝が代わってやっとローマに戻れたのに、また騒動を起こしてひどい目に遭うのはこりごりだったのであろう。

それらの要因があって、ユダヤ人は福音を簡単には受け入れなかったが、強い反対や迫害はなかった。ローマの番兵付きの家では迫害もできなかったであろうが——。

神は、教会が伝道に励むときに、不思議な導きによって助けてくださる。

三、みことばの約束によって（25〜28節）

教会の宣教は、みことばの約束（保証）によって進められる。

パウロは、日を改めて集まったユダヤ人たちに熱心に伝道したが（23節）、ユダヤ人たちの反応は、はかばかしいものではなかった（24〜25節）。

それは、イザヤが預言した通りのことであった（26〜27節→イザヤ書六9〜10）。もちろん、パウロはこの預言にこの時気付いたわけではあるまい。ユダヤ人の反対や迫害に遭いながら、噛みしめてきたみことばに違いない。

しかしそれは、福音が異邦人に向けられることも意味し、旧約預言は、異邦人の救いをも約束していた（ローマ九25〜26→ホセア書二23、一10）。

パウロは、このようにキリストの福音が神の真理であり、必ず受け入れられるものであることをみことばによって信じ、どれほど拒否されても、迫害されても、語り続けた。

福音を語り続けるのが教会の姿、これが教会の進む道だと示して、**使徒の働き**は結ばれる。主が再び来られるまで福音を宣べ伝え、前進、成長する教会でありたい。

――二〇一二年九月二十三日　主日礼拝

[参考文献]

以下は本書の説教準備に用いた文献です。筆者の知る限りで邦訳のあるものは記しました。ギリシア語テクストの釈義に重点を置いたため、講解や説教集は多く参照しませんでしたが、榊原康夫氏の『使徒言行録講解』等、日本人の手によるすぐれた講解もあることを付記しておきます。

注解・講解

Brooks, James A. *A Student's Commentary on the New Testament: Acts.* Fort Worth, Texas, copyrighted by the author, 1987.

※常時参照した。サウスウェスタン・バプテスト神学校（テキサス州フォートワース）の神学生向けに出版された。現在入手困難か。

Bruce, F. F. "Acts of the Apostles." Guthrie, Donald and Motyer, J. A. (eds.). *Eerdmans Bible Commentary.* Grand Rapids: Wm. B. Eerdmans, 1987. (Reprint of New Bible Commentary. London: Inter-Varsity Press, third edition, 1970.)

Carter, Charles W. and Earle, Ralph. *The Acts of the Apostles.* Grand Rapids: Zondervan, 1973.

斎藤篤美「使徒の働き」『新聖書注解２』、いのちのことば社、１９７３年。

W・バークレー。『使徒行伝』、鳥羽徳子訳。ヨルダン社、１９６８年。

B・F・バックストン。『使徒行伝講義』、バックストン記念霊交会、昭和37（１９６２）年。

F・F・ブルース。『使徒行伝』、聖書図書刊行会、１９８５年。

※James A. Brooks 博士の注解とともに、常時参照した。脚注に古代写本の異読の解説がある。使いこなせば現在も非常に有用。古書でしか手に入らない。

村上宣道『使徒の働き』（新聖書講解シリーズ5）、いのちのことば社、１９８３年。

緒　論

Harrison, Everett F. *Introduction to the New Testament*. Grand Rapids: Wm. B. Eerdmans, revised, 1971.

新約聖書神学・歴史等

Beasley-Murray, G. R. *Baptism in the New Testament*. Grand Rapids: Wm. B. Eerdmans, reprint, 1994. (Copyrighted by W. T. Whitley Lectureship, 1962)

※「使徒の働き」におけるバプテスマと聖霊降下の関わりを理解する助けとなった。未だ邦訳はないと思われる。

Bettenson, Henry (ed.). *Documents of the Christian Church*. London: Oxford University Press, 1963.（邦訳：ヘンリー・ベッテンソン編『キリスト教文書資料集』、聖書図書刊行会編集部訳、１９７６年。再版、いの

ちのことば社、2017年)
Bruce, F. F. Paul: *Apostle of the Heart-Set-Free*. Grand Rapids: Wm. B. Eerdmans, 1979.
Bruce, F. F. *The Pauline Circle*. Grand Rapids, MI., U.S.A.: Wm. B. Eerdmans / Exeter, Devon, UK: Paternoster Press, copyrighted by the author, 1985.
※パウロに関わる人物の研究。「使徒の働き」の登場人物も多く扱っている。
Dodd, C. H. *The Apostolic Preaching and Its Development*. New York and London: Harper & Brothers, second ed., 1944 (first published in 1936).(邦訳:C・H・ドッド『使徒的宣教とその展開』、平井清訳、新教出版社、1962年)
Ferguson, Everett. *Backgrounds of Early Christianity*. Grand Rapids: Wm. B. Eerdmans, 1987.
Ramsay, William M. *St. Paul: The Traveler and the Roman Citizen*. Grand Rapids: Baker Book House, 1979.
佐竹明『使徒パウロ　伝道にかけた生涯』、日本放送出版協会、1981年(現在は、『使徒パウロ伝道にかけた生涯　新版』新教出版社、2008年)。
C・H・タルバート『ルカ文学の構造:定型、主題、文学類型』、加山宏路訳、日本基督教団出版局、1980年。
E・トロクメ『使徒行伝と歴史』、田川建三訳、新教出版社、1966年。

季刊誌

Southwestern Journal of Theology, vol. 33: Studies in Acts. Fort Worth, Texas: Southwestern Baptist Theological Seminary, Fall, 1990.

辞　典

Kittle, Gerhard and Friedrich, Gerhard (eds.). *Theological Dictionary of the New Testament,* vols. I-X. Translated by Bromiley, Geoffrey W. Grand Rapids: Wm. B. Eerdmans, 1964-79.

※通常用いたのは Bauer-Danker-Arndt-Gingrich であるが、必要に応じて TDNT も参照した。見出し語の底本がネストレ25版であることを踏まえて用いれば、まだまだ有用。

Danker, Frederick William (rev. and ed.), Bauer, Walter, Arndt W. F., Gingrich, F. W. *A Greek-English Lexicon to the New Testament and Other Early Christian Literature, third edition (BDAG)*. Chicago: University of Chicago Press, 2000.

玉川直重『新約聖書ギリシア語辞典』、キリスト新聞社、１９７８年。

あとがき

一九七九年八月、私は東京聖書学院夏期伝道で、京浜福音（現コイノニア福音グループ）志木キリスト教会に派遣されていました。ところが、久保眞理《まこと》主任牧師が心臓発作で緊急入院され、久保師の退院まで、二つの教会の礼拝説教を務めることになりました。神学生と言っても「基礎科」（一年信徒コース）の学生、しかも入学して一学期を終えたばかりの者が、突然否も応もなく説教することになったのです。

そのような時に、早天祈祷会で聖書輪読の順番が回って来て読んだのが、Ⅱテモテ二章15節でした。「あなたは熟練した者、すなわち、真理のみことばをまっすぐに説き明かす、恥じることのない働き人として、自分を神にささげるよう努め励みなさい」（新改訳第二版）。読んだ瞬間強く心を打たれ、一日中葛藤し、ついに降伏して主の召命に従いました。

以来「**聖書は何と言っているか**」（ローマ四3）は私の人生を貫くテーマとなり、とりわけ新約聖書釈義に使命を覚えました。東京聖書学院で学び、渡米してヴェナード大学（アイオワ州）、サウスウェスタン・バプテスト神学校（テキサス州）で学べたことは幸いでした。

テキサスでは日本語教会を牧会しながら学んでいましたが、個人的な事情から神学校の学びを断念、教会も辞任しました。しかし同労者たちや愛兄姉の励ましで召命に立ち返り、テキサス州各地に出て行っては説教する日々を重ねました。そんな中、個人的に交わりのあったJ・ハロルド・グリンリー博士に励まされ、新約聖書本文研究を独習し、ギリシア語釈義文法を洗い直し、史的イエスの問題や「聖霊のバプテスマ」に取り組み、教会や日本人修養会で教えました。すべて「聖書は何と言っているか」の追究でした。

また、協力奉仕していたノーステキサス日本語バプテスト教会（テキサス州ダラス）の宝田 豊牧師に祈祷会の学びを任されて、山上の説教を私訳、注解して学びました。このノートは、テキサスでの学びと働きの卒業論文と思っています。宝田牧師、ダラスでの新垣 太牧師や河野克也牧師との親交からも、多くの励ましとご教示をいただきました。

二〇〇三年一月、十六年余りのアメリカ生活を終えて帰国し、上記山上の説教のノートのコピーを帰国のご挨拶とともにあちこちに手渡し、テキサスで手紙をやり取りした新改訳聖書関係の先生にも帰国のご報告とともに一冊お送りしました。そんなことから、微力ながら新改訳聖書の改訂に関わることができたのは感謝なことでした。

二〇一八年十二月、帰国した私をコイノニア福音グループ志木キリスト教会へとお招きくださった久保眞理師が召天され、教会とグループを引き継いで今日に至っています。聖書が生き生きと語り出し、聖霊が力強く働く説教、聖書のみことばによる伝道牧会をめざして道半ばですが、小著が自己満足に終わらず、幾分かでも読者諸氏のお役に立つならば、これにまさる幸いはありません。

最後になりましたが、出版社ヨベルの安田正人氏のご尽力なしには、この説教集をこのような形にすることはできませんでした。ここに記して感謝申し上げます。また、私の説教や学びに耳を傾けてくださったテキサスの日本語教会やコイノニア福音グループの諸師・愛兄姉にも深く感謝申し上げる次第です。

二〇二四年　春

松木　充

松木　充（まつき・みつる）

1957 年、高知県生れ、愛媛県育ち。
出身校：東京聖書学院。
1986 年渡米、ヴェナード大学（アイオワ州）、サウスウェスタン・バプテスト神学校（テキサス州）で学ぶ。
16 年間テキサス州に住み、ダラス、フォートワース、オースティンなど計 7 か所の南部バプテスト連盟日本語教会で牧師、協力奉仕。
2003 年 8 月より KFG・志木キリスト教会牧師。
シャローム・インターナショナル・クリスチャンスクール チャプレン
2019 年より KFG・志木キリスト教会主任牧師／シャローム幼児学園学園長

＊ KFG= コイノニア福音グループの略

聖霊による福音宣教 ――「使徒の働き」連続説教

2024 年 5 月 31 日初版発行

著　者 − 松木　充
発行者 − 安田正人
発行所 − 株式会社ヨベル　*YOBEL, Inc.*
〒 113-0033 東京都文京区本郷 4 − 1 − 1　菊花ビル 5F
TEL03-3818-4851　FAX03-3818-4858
e-mail：info@yobel. co. jp

装　幀 − ロゴスデザイン：長尾 優
印　刷 − 中央精版印刷株式会社

配給元 − 日本キリスト教書販売株式会社（日キ販）
〒 162 - 0814　東京都新宿区新小川町 9 - 1
振替 00130-3-60976　Tel 03-3260-5670

　ISBN978-4-911054-16-1 C0016